2024

# Hauptschulabschluss

Original-Prüfungsaufgaben und Training



Nordrhein-Westfalen

## Deutsch · EESA

## LÖSUNGEN

STARK

17. neu bearbeitete und ergänzte Auflage
www.stark-verlag.de

# Inhalt

Vorwort

## Lösungen: Training Prüfungswissen

Erster Prüfungsteil: Lesekompetenz
Übung 1 ..... 1
Übung 2 ..... 2
Übung 3 ..... 3
Übung 4 ..... 6
Übung 5 ..... 7
Übung 6 ..... 7
Übung 7 ..... 8
Übung 8 ..... 8

Zweiter Prüfungsteil: Schreiben
Übung 9 ..... 10
Übung 10 ..... 11
Übung 11 ..... 13
Übung 12 ..... 16
Übung 13 ..... 18
Übung 14 ..... 20
Übung 15 ..... 22
Übung 16 ..... 22
Übung 17 ..... 24
Übung 18 ..... 25
Übung 19 ..... 26
Übung 20 ..... 27

## Lösungen: Original-Prüfungsaufgaben

### Zentrale Prüfung 2018

Teil 1: *Leseverstehen*
Dana Kim Hansen: Bernd, das Buch – „Lebende Bibliothek" birgt menschliche Schätze ........ 2018-1

Teil 2: *Wahlthema 1*
Einen Text analysieren und interpretieren:
André Kubiczek: Skizze eines Sommers (literarischer Text) .. 2018-5

*Wahlthema 2*
Informationen ermitteln, vergleichen und bewerten:
Thema: Verschiebung des Unterrichtsbeginns ............. 2018-11

### Zentrale Prüfung 2019

Teil 1: *Leseverstehen*
Katrin Blawat: Guck mal, eine Ba-na-ne! (Sachtext) ........ 2019-1

Teil 2: *Wahlthema 1*
Einen Text analysieren und interpretieren:
Angela Gerrits: Glücksschimmer (literarischer Text) ....... 2019-4

*Wahlthema 2*
Informationen ermitteln, vergleichen und bewerten:
Thema: Handschrift oder Tastatur? (Materialien) ......... 2019-10

### Prüfung 2020

Wegen des Corona-Virus wurden 2020 die Zentralen Prüfungen in Klasse 10 durch Prüfungsarbeiten ersetzt, die dezentral von den Lehrkräften erstellt wurden. Für 2020 können daher keine Lösungen zu den Original-Aufgaben abgedruckt werden.

**Zentrale Prüfung 2021**

Teil 1: *Leseverstehen*
Uwe Pollmeier: Friedhof der Mobiltelefone (Sachtext) ..... 2021-1

Teil 2: *Wahlthema 1*
Einen Text analysieren und interpretieren:
Anne Freytag: Den Mund voll ungesagter Dinge
(literarischer Text) .......... 2021-6

*Wahlthema 2*
Einen informierenden Text verfassen:
Thema: Nutzen von Computerspielen (Materialien) ....... 2021-13

**Zentrale Prüfung 2022**

Teil 1: *Leseverstehen*
Martin Oversohl: „Petfluencer“ als Werbebotschafter
(Sachtext) .......... 2022-1

Teil 2: *Wahlthema 1*
Einen Text analysieren und interpretieren:
Ulrich Woelk: Der Sommer meiner Mutter
(literarischer Text) .......... 2022-6

*Wahlthema 2*
Einen informierenden Text verfassen:
Thema: Plastik vermeiden (Materialien) .......... 2022-15

**Zentrale Prüfung 2023** .......... www.stark-verlag.de/mystark
Sobald die Original-Prüfungsaufgaben 2023 zur Veröffentlichung freigegeben sind, können die dazugehörigen Lösungen als PDF auf der Plattform MyStark heruntergeladen werden (Zugangscode vgl. vorne im Buch).

**Autor*innen der Lösungsvorschläge:**
Marion von der Kammer (Training)
Frank Gerstenberg (Original-Prüfungsaufgaben)

# Vorwort

Liebe Schülerin, lieber Schüler,

dieses Buch enthält die Lösungen zum Band *Original-Prüfungen und Training – Hauptschulabschluss 2024 – Deutsch – NRW* (Best.-Nr. D05340). Es umfasst ausführliche und kommentierte Lösungen zu den Trainingsaufgaben und zu den Original-Prüfungsaufgaben der Jahrgänge 2018, 2019, 2021 und 2022. Die Lösungen zur Prüfung 2023 können auf der Plattform MyStark heruntergeladen werden.

Die Lösungen ermöglichen es dir, deine Leistung einzuschätzen. Es handelt sich um **Lösungsvorschläge**, die dir zeigen, wie man die Aufgaben richtig und umfassend beantworten kann. Das heißt, dass – außer bei den geschlossenen Aufgaben – auch andere Lösungen als die hier abgedruckten möglich sind. Die Lösungen sind manchmal recht ausführlich und geben dir Anregungen, was du alles schreiben könntest. Das bedeutet nicht, dass deine Antworten auch immer so lang sein müssen. Wichtig ist, dass du die Hinweise beachtest, die in der Aufgabenstellung genannt sind, und alles **vollständig** und **richtig** bearbeitest.

Außerdem gilt: Versuche stets, die Aufgabe zunächst **selbstständig** zu lösen, und sieh nicht gleich in der Lösung nach. Wenn du nicht weiterkommst, helfen dir die grau markierten **Hinweise und Tipps** vor der jeweiligen Lösung. Hast du diese gelesen, arbeitest du auf jeden Fall selbstständig weiter. Erst zum Schluss solltest du deine Lösung mit der hier angebotenen Lösung vergleichen. Kontrolliere deine eigenen Ergebnisse und korrigiere oder ergänze sie gegebenenfalls. Lies zu allen Aufgaben, die du nicht richtig lösen konntest oder bei denen du dir unsicher warst, noch einmal die allgemeinen Erläuterungen in dem entsprechenden Kapitel im A4-Trainingsband.

Viel Spaß beim Üben und vor allem viel Erfolg in der Prüfung!

# ▶ Lösungen Training Prüfungswissen

# Erster Prüfungsteil: Lesekompetenz

## Übung 1

1. a) Textsorte: Bericht

   b) Thema: Probleme bei der Besetzung von Ausbildungsplätzen

   c) Überblick über den Inhalt: Jedes Jahr gibt es mehrere Tausend unbesetzte Ausbildungsplätze. Diese Entwicklung verschärft sich von Jahr zu Jahr und die Wirtschaft leidet darunter. Deshalb werden Maßnahmen ergriffen, um die Berufsausbildung wieder attraktiver zu machen.

2. a) **Die Azubi-Lücke wird zur Gefahr für die deutsche Wirtschaft**

   Die Not macht erfinderisch. Weil viele Unternehmen akute Nachwuchssorgen haben und überall in Deutschland Lehrlinge fehlen, legen sich die Arbeitgeber mächtig ins Zeug: In Stuttgart lud die Industrie- und Handelskammer (IHK) kürzlich zum „Azubi-Speed-Dating" ein, um Schulabgänger und Betriebe zusammenzubringen. In Hessen gibt es neuerdings eine „AzubiCard", die Lehrlingen etliche finanzielle Vergünstigungen verspricht. Und in Ostdeutschland werben Wirtschaftsvertreter offensiv um junge Leute aus dem Nachbarland Polen.

   *Mangel an Lehrlingen in Deutschland*

   *Maßnahmen:*
   *– Treffen, um Schulabgänger und Betriebe zusammenzubringen*
   *– finanzielle Vergünstigungen für Lehrlinge*
   *– Anwerben von Lehrlingen aus Polen*

   „Noch rund 240 000 Ausbildungsplätze sind dem Deutschen Industrie- und Handelskammertag (DIHK) zufolge unbesetzt. Zwar sei dies nur eine grobe Schätzung, heißt es bei dem Spitzenverband. Denn die Suche sei noch in vollem Gang. Schließlich beginnt das neue Ausbildungsjahr erst im Herbst. Doch trotz aller Bemühungen wird es den Betrieben wohl auch in diesem Jahr nicht gelingen, für alle Lehrstellen passende Kandidaten zu finden. 2018 kamen auf rund 530 000 neue Ausbildungsverträge knapp 58 000 unbesetzte Plätze. Mehr als jede zehnte Lehrstelle blieb somit unbesetzt – ein trauriger Rekord. Allerdings hatten auch fast 25 000 junge Menschen keine Lehrstelle gefunden.

   *jede zehnte Lehrstelle blieb 2018 unbesetzt; gleichzeitig fanden fast 25.000 Jugendliche keine Lehrstelle*

Nicht nur die Wirtschaft, auch die Politik sucht nach Wegen, um mehr Jugendliche für die berufliche Ausbildung zu gewinnen. Denn der steigende Fachkräftemangel entwickelt sich mehr und mehr zu einer Wachstumsbremse für die Wirtschaft. Seit der Jahrtausendwende sank die Zahl der Auszubildenden um ein Viertel auf rund 1,3 Millionen. War früher die duale Berufsausbildung die häufigste Qualifizierungswahl, so zieht es heutzutage die meisten jungen Leute zum Studium.

*steigender Fachkräftemangel durch unbesetzte Lehrstellen bremst das Wirtschaftswachstum*

*immer mehr junge Menschen entscheiden sich für ein Studium*

Nun aber bemüht sich die Politik mit einem Bündel von Maßnahmen darum, die Attraktivität des dualen Systems wieder zu erhöhen. So wurde zum 1. Januar 2020 ein Azubi-Mindestlohn von 515 Euro eingeführt.

*Politik greift ein: Einführung eines Azubi-Mindestlohns, um Ausbildungen wieder attraktiver zu machen*

*Quelle: © Axel Springer SE / DIE WELT, 22.07.2019, https://www.welt.de/wirtschaft/article197196279/Azubi-Mangel-wird-zur-Gefahr-fuer-die-deutsche-Wirtschaft.html (aus didaktischen Gründen gekürzt und leicht verändert)*

b)

| Sinnabschnitt | Zwischenüberschrift |
|---|---|
| Z. 1 – Z. 12 | Maßnahmen, um Azubis zu werben |
| Z. 13 – Z. 27 | Steigende Zahl an unbesetzten Lehrstellen |
| Z. 28 – Z. 38 | Berufsausbildung verliert an Attraktivität |
| Z. 39 – Z. 43 | Einführung eines Azubi-Mindestlohns |

## Übung 2

1. AzubiCard

   *Aufgabenart:* Geschlossene Frage

2. Im Jahr 2018 blieb in Deutschland …

   a) ☐ jede zweite Lehrstelle unbesetzt.
   b) ☒ mehr als jede zehnte Lehrstelle unbesetzt.
   c) ☐ keine einzige Lehrstelle unbesetzt.
   d) ☐ fast jede fünfte Lehrstelle unbesetzt.

   *Aufgabenart:* Multiple-Choice-Aufgabe

3.

| Nummer | Aussage |
|---|---|
| 3 | Der Mangel an Fachkräften wird für die Wirtschaft immer mehr zum Problem. |
| 5 | Es soll ein Mindestlohn für Azubis eingeführt werden. |
| 1 | In Ostdeutschland bemüht man sich, Auszubildende aus Polen anzuwerben. |
| 4 | Immer mehr junge Menschen entscheiden sich für ein Studium. |
| 2 | Im Jahr 2018 blieben 58 000 Lehrstellen unbesetzt. |

*Aufgabenart:* Umordnungsaufgabe

4.

| Akteur | Maßnahme |
|---|---|
| C | Es wird ein „Azubi-Speed-Dating“ organisiert, um Schulabgänger*innen und Betriebe zusammenzuführen. |
| A | Es werden finanzielle Anreize geschaffen, um Berufsausbildungen interessanter zu machen. |
| B | Es wird um Azubis aus dem Nachbarland Polen geworben. |

*Aufgabenart:* Zuordnungsaufgabe

5.

| | trifft zu | trifft nicht zu |
|---|---|---|
| a) Der steigende Fachkräftemangel hat keine negativen Auswirkungen auf die Wirtschaft. | ☐ | ☒ |
| b) Die Zahl der Auszubildenden sank seit der Jahrtausendwende um ein Viertel. | ☒ | ☐ |
| c) Um dem Fachkräftemangel entgegenzuwirken, werden Azubis aus Italien und Spanien angeworben. | ☐ | ☒ |
| d) Fast 25.000 Jugendliche haben im Jahr 2018 keine Lehrstelle gefunden. | ☒ | ☐ |
| e) Ab dem Jahr 2024 soll es einen Mindestlohn für Auszubildende geben. | ☐ | ☒ |

*Aufgabenart:* Richtig-/Falsch-Aufgabe

## Übung 3

1. Bei dem Text handelt es sich um …

   a) ☐ einen Bericht.
   b) ☐ einen Kommentar.
   c) ☒ eine Reportage.
   d) ☐ ein Interview.

   **Hinweis:** *Dass der Text eine Reportage ist, erkennt man daran, dass mit den Erlebnissen einer Einzelperson begonnen wird: Erzählt wird zunächst, wie Tina ungefragt ins Haar gefasst wird. Anschließend werden ihre Erfahrungen verallgemeinert.*

2. Rassismus gegenüber Schwarzen Menschen

3.

| Nummer | Der Weg nach Hause |
|---|---|
| 4 | Die ältere Dame fasst ihr in die Haare. |
| 3 | Ihre Sitznachbarin erzählt ihr von einem Afrika-Urlaub. |
| 2 | Neben einer älteren Dame findet sie einen Sitzplatz. |
| 5 | Die Frau macht ihr Komplimente wegen ihrer Haare. |
| 1 | Tina sieht, dass die U-Bahn voll besetzt ist. |

4.

| | trifft zu | trifft nicht zu |
|---|---|---|
| a) Die Sitznachbarin hat schmutzige Hände. | ☐ | ☒ |
| b) Tina fragt sich, was die Frau alles angefasst hat. | ☒ | ☐ |
| c) Die Frau hat vor Kurzem etwas Fettiges gegessen. | ☐ | ☒ |
| d) Die Sitznachbarin ist erkältet und hustet viel. | ☐ | ☒ |

5.

| | trifft zu | trifft nicht zu |
|---|---|---|
| a) Es stört sie, wenn weiße Menschen ihr mit Neugier begegnen. | ☐ | ☒ |
| b) Weißen Menschen wird in der Regel nicht von Fremden in die Haare gefasst. | ☒ | ☐ |
| c) Sie möchte von Fremden nicht ungefragt berührt werden. | ☒ | ☐ |
| d) Sie findet es nicht in Ordnung, wenn weiße Menschen Kontakt zu ihr aufnehmen. | ☐ | ☒ |

6. Schwarze Menschen …
   - a) [x] sind ungebildet.
   - b) [x] sind arm.
   - c) [ ] haben viel Kraft.
   - d) [ ] sind sportlich.
   - e) [x] stinken.
   - f) [x] wollen nicht arbeiten.
   - g) [x] sind nicht hübsch.

7. 
   - a) [ ] Sie protestiert.
   - b) [x] Sie lacht darüber.
   - c) [ ] Sie wird wütend.
   - d) [ ] Sie verlässt den Raum.

8. 
   - a) [ ] Sie hat grundsätzlich Angst vor Dunkelheit.
   - b) [ ] Sie denkt, abends sei es draußen gefährlich für sie.
   - c) [x] Sie will sich keine unangenehmen Kommentare anhören.
   - d) [ ] Sie hat keine Freunde, die sie abends treffen könnte.

9. 
   - Bei der Suche nach Arbeit
   - Bei der Suche nach einer Wohnung
   - In Schule und Universität
   - Bei Polizeikontrollen

   ✎ **Hinweis:** *vgl. Z. 61–64. Du könntest auch diese Bereiche nennen: „vor Gericht", „im Gesundheitswesen" (Z. 62).*

10. Er wirft den Deutschen vor, dass sie …
    - a) [ ] sich häufig rassistisch verhalten.
    - b) [ ] Schwarze Deutsche als Flüchtlinge ansehen.
    - c) [x] den Rassismus im Land nicht ernst nehmen.
    - d) [ ] nichts von Rassismus verstehen.

## Übung 4

1. Eigentlich will sie nach der Arbeit nur ihre Ruhe haben. Doch die Sitznachbarin lässt das nicht zu. Stattdessen redet sie ununterbrochen auf sie ein. Am meisten stört es sie, dass die Frau ihr einfach in die Haare fasst.

2. Weiße Menschen kommen nicht auf die Idee, anderen Weißen ungefragt in die Haare zu fassen. Schwarze Menschen erleben das aber. Da sie nur aufgrund ihrer Hautfarbe anders behandelt werden als Weiße, ist ein solches Verhalten als rassistisch anzusehen.

3. Yolanda ist 23 Jahre alt. Ihre Eltern kommen aus Eritrea. Sie ist in München geboren und aufgewachsen. Die Schulzeit war nicht einfach für sie. Jetzt studiert sie in München.

4. Yolanda hat schon oft Rassismus erlebt. Wenn sie sagt, sie habe sich eine „dicke Haut zugelegt“, dann meint sie damit, dass sie rassistische Äußerungen nicht mehr so nah an sich heranlässt. Sie bemüht sich, sie zu ignorieren.

5. Die Mutter sagt ihr in solchen Situationen, dass sie diese Sprüche nicht ernst nehmen soll.

6. Manchmal werfen Menschen Yolanda vor, sie sei faul und wolle nicht arbeiten. Auch Tina bekommt immer wieder unangenehme Kommentare von Unbekannten zu hören, vor allem dann, wenn sie im Dunkeln allein auf der Straße ist.

7. *Alltagsrassismus:* Alltagsrassismus findet im Alltag statt. Gemeint ist, dass Menschen aufgrund ihres Aussehens von Einzelpersonen anders behandelt werden als diejenigen, die für Deutsche gehalten werden. Ein Beispiel dafür ist, wenn ihnen ungefragt ins Haar gefasst wird.

   *Institutioneller Rassismus:* Institutioneller Rassismus liegt vor, wenn Menschen aufgrund ihrer Herkunft oder aufgrund ihres Aussehens von Institutionen, z. B. Behörden, anders behandelt werden als Deutsche. Auch von Arbeitgebern und Vermietern kann institutioneller Rassismus ausgehen, etwa wenn Menschen, die nicht für Deutsch gehalten werden, keine Arbeit oder keine Wohnung bekommen.

## Übung 5

| Absicht | Der Verfasser … |
|---|---|
| C | erzählt sehr anschaulich und lebendig von seinen Erlebnissen während einer Reise in die Türkei. |
| A | teilt den Leserinnen und Lesern mit, dass es am frühen Morgen bei dichtem Nebel auf der Autobahn A10 zu einer Massenkarambolage gekommen ist. |
| E | erklärt den Leserinnen und Lesern, wie sie vorgehen müssen, um bei einem neuen Fernseher die einzelnen Sender zu programmieren. |
| D | kritisiert, dass es immer wieder Zugausfälle im S-Bahn-Verkehr gibt. |
| B | rät den Leserinnen und Lesern, in der kalten Jahreszeit auf angemessene Kleidung zu achten. |

## Übung 6

| Die Darstellung … | Bericht | Reportage | Interview | Kommentar | Glosse |
|---|---|---|---|---|---|
| a) wirkt anschaulich. | ☐ | ☒ | ☐ | ☐ | ☐ |
| b) wirkt sachlich und neutral. | ☒ | ☐ | ☐ | ☐ | ☐ |
| c) wirkt humorvoll. | ☐ | ☐ | ☐ | ☐ | ☒ |
| d) wirkt kritisch. | ☐ | ☐ | ☐ | ☒ | ☒ |
| e) wirkt übertrieben. | ☐ | ☐ | ☐ | ☐ | ☒ |
| f) zeigt die Meinung der Autorinnen und Autoren. | ☐ | ☐ | ☐ | ☒ | ☒ |
| g) erfolgt meist im Präteritum. | ☒ | ☐ | ☐ | ☐ | ☐ |
| h) erfolgt in der Regel im Präsens. | ☐ | ☒ | ☒ | ☒ | ☐ |
| i) strebt auf einen überraschenden Wendepunkt zu. | ☐ | ☐ | ☐ | ☐ | ☒ |
| j) entspricht der eines Dialogs. | ☐ | ☐ | ☒ | ☐ | ☐ |
| k) bezieht sich auf Einzelfälle, aber auch auf Grundsätzliches. | ☐ | ☒ | ☐ | ☐ | ☐ |
| l) enthält auch Umgangssprache. | ☐ | ☐ | ☒ | ☐ | ☐ |

## Übung 7

**Text A**
*Textsorte:* Bericht
*Merkmale:* sachliche und neutrale Darstellung im Präteritum

**Text B**
*Textsorte:* Interview
*Merkmale:* Darstellung in Dialogform; enthält auch Umgangssprache

**Text C**
*Textsorte:* Reportage
*Merkmale:* Darstellung im Präsens; wirkt anschaulich, da sowohl Einzelfälle als auch Grundsätzliches berichtet wird

**Text D**
*Textsorte:* Glosse
*Merkmale:* Darstellung humorvoll; wirkt übertrieben; strebt auf überraschenden Wendepunkt zu

**Text E**
*Textsorte:* Kommentar
*Merkmale:* Text zeigt Meinung der Autorin; Darstellung im Präsens

## Übung 8

1. 2022

2. WhatsApp

3. Entwicklung der täglichen Online-Nutzung bei Jugendlichen

4. a) ☐ Sekunden c) ☐ Stunden
   b) ☒ Minuten d) ☐ Tage

5. Das Diagramm zeigt, dass die tägliche Online-Nutzung Jugendlicher im Zeitraum von 2012 bis 2015 stetig gestiegen ist. Von 2015 bis 2019 gab es nur leichte Schwankungen – in diesem Zeitraum hat sich die Online-Nutzung kaum verändert. Im Jahr 2020 stieg die Dauer der täglichen Online-Nutzung dann deutlich an auf durchschnittlich 258 Minuten pro Tag. Bis 2022 sank die Nutzungsdauer wieder auf das Niveau von 2019.

6. Die Zahlen aus dem Kreisdiagramm beziehen sich auf alle Befragten, also auf 1 200 an der Studie teilnehmende Jugendliche.

7. a) [X] 75% der befragten Jugendlichen können sich eher nicht oder gar nicht vorstellen, selbst YouTuber*in oder Influencer*in zu werden.
   b) [ ] Es gibt mehr Jungen als Mädchen, die gerne einmal YouTuber*in oder Influencer*in werden wollen.
   c) [X] Ein Viertel der befragten Jugendlichen kann sich vorstellen, später einmal selbst als YouTuber*in oder Influencer*in zu arbeiten.
   d) [ ] In der Gruppe der 12- bis 13-Jährigen will jede/jeder Zweite später einmal im Bereich Social Media arbeiten.
   e) [X] 7% der befragten Jugendlichen wollen später einmal unbedingt als YouTuber*in oder Influencer*in arbeiten.

8. a) 81 % der befragten Jungen nutzen E-Books nie oder maximal einmal im Monat. Nur 19 % der befragten Jungen lesen sehr regelmäßig (mindestens alle zwei Wochen) in E-Books.
   b) Der Anteil der Mädchen, die regelmäßig E-Books lesen, ist mit 43 % etwas höher als der Anteil der Jungen (36 %).

   ✎ ***Hinweis:*** *Hier wurden die Zahlen der oberen drei Balkenpaare für Mädchen und Jungen jeweils addiert. Du kannst auch auf die Zahlen nur eines Balkenpaars eingehen.*

| | | R | F | NE |
|---|---|---|---|---|
| 9. | a) Die Nutzung von TikTok hat zwischen 2019 und 2021 in allen Altersgruppen zugenommen. | X | | |
| | b) Jugendliche, die jünger als 16 Jahre sind, nutzen TikTok nicht. | | | X |
| | c) Im Jahr 2021 haben nur 4 % der Menschen, die 60 Jahre oder älter sind, TikTok genutzt. | X | | |
| | d) Über 75 % aller 16- bis 19-Jährigen haben im Jahr 2022 TikTok genutzt. | | X | |
| | e) Bei den 20- bis 29-Jährigen ist die TikTok-Nutzung von 2021 bis 2022 um drei Prozentpunkte gestiegen. | X | | |
| | f) In der Altersgruppe der 50- bis 59-Jährigen ist die Nutzung von TikTok seit 2021 gesunken. | | X | |

# Zweiter Prüfungsteil: Schreiben

## Übung 9

1. Wo: In einer Tierarztpraxis
   Wer: Daniel, sein Hund Ozzy, seine Mutter, Tierarzt König
   Was: Tierarzt hat Daniels Hund eingeschläfert

   ***Hinweis:*** *Wann Daniel mit seiner Mutter den Tierarzt aufgesucht hat, erfährt man im Text nicht. Deshalb kannst du in diesem Fall dazu auch keine Angabe machen.*

2. - Hund Ozzy wird eingeschläfert
   - Tierarzt lädt Daniels Mutter zum Essen ein
   - Mutter findet das an diesem Tag zwar unpassend, zeigt aber Interesse
   - Daniel ist wütend über Gespräch zwischen Tierarzt und Mutter
   - Junge leidet darunter, dass er sich nicht von Ozzy verabschieden konnte
   - Erinnerung an seinen Vater, der ihm Ozzy geschenkt und die Familie kurz danach verlassen hat

3. Daniel begreift, dass sein Hund jetzt tot ist, und trauert um ihn.

4. Der Auszug aus dem Jugendroman „Krummer Hund“ von Juliane Pickel, erschienen im Jahr 2021, erzählt von einem Tierarztbesuch, der für den Ich-Erzähler ein trauriges Ende nimmt.

   *Einleitender Satz: Titel, Autorin, Erscheinungsjahr, Thema*

   Der 15-jährige Daniel hat zusammen mit seiner Mutter und seinem schwer kranken Hund Ozzy eine Tierarztpraxis aufgesucht. Der Tierarzt hat den Hund aber nicht behandelt, sondern das krebskranke Tier eingeschläfert, um es von seinem Leiden zu erlösen. Anschließend lädt der Arzt Daniels Mutter für den Abend zum Essen ein. Die Mutter findet das an diesem Tag zwar unpassend, doch Daniel erkennt, dass sie Interesse hat. Er ist wütend über das Gespräch zwischen dem Tierarzt und seiner Mutter und leidet darunter, dass er sich nicht von Ozzy verabschieden konnte. Daniel erinnert sich daran, wie er Ozzy damals von seinem Vater geschenkt bekommen hat. Er begreift, dass sein Hund nun tot ist, und ist sehr traurig darüber.

   *Tierarztbesuch*

   *Hund wird eingeschläfert*

   *Tierarzt lädt Mutter zum Essen ein*

   *Mutter interessiert sich für Tierarzt*

   *Daniel ist wütend über Gespräch*

   *Erinnerung an den Vater und Trauer über Tod des Hundes*

✎ **Hinweis:** *Am Anfang des Textausschnitts ist der Hund schon tot. In dieser Inhaltsangabe liegt deshalb am Beginn des zweiten Absatzes ein kurzer Rückblick vor. Deshalb stehen diese Sätze im Perfekt: Sie zeigen auf, was kurz vorher geschehen ist. Die darauffolgenden Sätze und der einleitende Absatz sind im Präsens formuliert – wie es für Inhaltsangaben üblich ist. Verliere dich nicht in Einzelheiten. Stelle nur die entscheidenden Informationen über den Ablauf der Handlung zusammen.*

## Übung 10

1. a) Er hieß Ozzy, nach Ozzy Osbourne, dem durchgeknallten Metal-Freak, der angeblich gerne mal irgendwelchen Fledermäusen den Kopf abbeißt.

   Mein Vater stand auf seine Musik, und er fand, dass der Hund dem Typen ähnlich sah. Was irgendwie auch stimmte – er hatte schwarzes zotteliges Fell, und in seinem Blick lag immer eine Spur seliger Dummheit.

   Er hat ihn mir geschenkt, kurz bevor er weg ist damals. Da war ich zehn. ✗

   Er hatte Ozzy aus dem Tierheim geholt. Keiner wusste, wo er herkam oder wie alt er war.

   „Er hat eine schwarze Seele", hat mein Vater gesagt, „aber er wird dich lieben. Hunde können gar nicht anders."

   Und dann ist er in seinen Schrotthaufen von Auto gestiegen und ist weg, auf Nimmerwiedersehen. Wir haben nie wieder was von ihm gehört. Aber wenigstens war Ozzy noch da, ✗ stinkend und hungrig und schwarz. Er war der hässlichste ✗ Hund der Welt, aber er war mein Hund [...].

   *Quelle: Juliane Pickel: Krummer Hund. Beltz Verlag, Weinheim/Basel 2021, S. 6/7*

   ✎ **Hinweis:** *Du kannst deine Kreuze auch bei anderen Textstellen setzen.*

   b) siehe Lösung 1 a)

   c) *Erinnerung an seinen Vater: Abschiedsgeschenk*

   Ozzy hat eine große Bedeutung für Daniel: Er ist nämlich eine Erinnerung an seinen Vater. Der hat ihm das Tier zum Abschied geschenkt, kurz bevor er die Familie verlassen hat. Seither hat er sich nie wieder gemeldet (vgl. Z. 43/44). Ozzy ist zwar außerordentlich hässlich. Für den Ich-Erzähler ist er sogar „der hässlichste Hund der Welt“ (Z. 45). Aber immerhin war er sein Hund (vgl. Z. 46) – und das Einzige, was ihm von seinem Vater geblieben ist.

*Ozzy war hässlich*

*das Einzige, was Daniel von seinem Vater geblieben ist*

***Hinweis:*** *Beginne mit einer allgemeinen Aussage und ergänze dann die einzelnen Textinformationen, die du vorher ausgewählt hast, um diese Aussage zu belegen. Dabei musst du dich nicht an die Reihenfolge halten, in der die Textstellen im Text stehen. Denke daran, Zeilenangaben zu nennen, wenn du dich auf Textstellen beziehst.*

2. a) Nachdem er meinen Hund umgebracht hat, fragt der Typ meine Mutter, ob sie am Abend mit ihm Sushi essen geht.
„Ich weiß ja gar nichts über Sie“, sagt sie. „Außerdem haben Sie gerade ein Tier getötet. Geht man an so einem Tag in ein Restaurant?“ Sie verschränkt die Arme vor der Brust. ✗
Der Doc lässt sich nicht aus der Ruhe bringen.
„Ich töte viele Tiere“, sagt er mit einer Stimme, die so tief ist, dass ich seine Worte wie Bassschläge im Magen spüre. „Das ist mein Beruf.“ Mit geübten Händen räumt er seine Instrumente weg. „Wenn es danach ginge, könnte ich ja nie wieder etwas essen. ✗
Meine Mutter betrachtet seine Hände – daran sehe ich, dass sie interessiert ist. Gesichter sind ihr nicht so wichtig, aber die Hände ihrer Männer müssen sauber sein – und groß. In die Pranken des Docs passt der ganze Kopf meines toten Hundes. ✗
„Außerdem habe ich dem Hund einen Gefallen getan“, sagt er jetzt.
Meine Mutter berührt mit der Hand ihr Haar – sie ist sehr interessiert. Vielleicht noch mehr, weil er Arzt ist, wenn auch nur einer für Tiere.
Einen Arzt hatten wir noch nicht. Meist sind es Handwerker oder auch mal welche im Anzug, die irgendwas verkaufen.
*Thomas König, Tierarzt* steht auf einem Metallschild an der Eingangstür.
*Thomas König, Hundemörder*, denke ich. ✗

Ich hasse beide dafür, dass sie über Sushi reden, während mein Hund, der gerade noch ein richtiger Hund war, jetzt groß und tot auf dem kalten Metalltisch liegt […]". ✗

*Quelle: Juliane Pickel: Krummer Hund. Beltz Verlag, Weinheim/Basel 2021, S. 5/6*

✎ ***Hinweis:*** *Es gibt am Anfang des Textauszugs viele Stellen, in denen das Gespräch zwischen dem Tierarzt und der Mutter beschrieben wird. Unterstreiche relevante Stellen und frage dich: Warum hat Daniel das festgehalten? Was fühlt und denkt er während des Gesprächs? Bedenke: Es geht nicht nur um das, was der Tierarzt und die Mutter sagen, sondern auch darum, wie sie sich verhalten.*

b) siehe Lösung 2 a)

c) Daniel ist wütend über das Gespräch, das der Tierarzt mit seiner Mutter führt (vgl. Z. 20/21). Der Tierarzt sagt, dass er oft Tiere einschläfert. Er findet es normal, im Anschluss daran alltägliche Dinge zu tun. Daniels Mutter hält das zwar zunächst für unpassend und „verschränkt die Arme vor der Brust" (Z. 4/5). Als Daniel dann aber sieht, dass seine Mutter auf die Hände des Arztes schaut, versteht er, dass sie sich doch für den Mann interessiert (vgl. Z. 10). Daniel findet das Gespräch unpassend und hasst die beiden „dafür, dass sie über Sushi reden" (Z. 20), kurz nachdem sein Hund eingeschläfert wurde.

*Wut über das Gespräch*

*Tierarzt schläfert oft Tiere ein und findet das normal*

*Mutter ist zunächst abweisend, zeigt dann aber Interesse*

*Hass Daniels über unpassendes Gespräch*

✎ ***Hinweis:*** *Beginne mit einer allgemeinen Aussage darüber, was Daniel über das Gespräch denkt, und gehe dann genauer auf den Verlauf des Gesprächs und die Wirkung auf Daniel ein. Vergiss nicht, auf Textstellen zu verweisen und Zeilenangaben zu nennen.*

## Übung 11

1. a)

| Bezeichnung im Text | Zeile | Standardsprache | Umgangssprache |
|---|---|---|---|
| Tierarzt | Z. 18 | ☒ | ☐ |
| Hundemörder | Z. 19 | ☒ | ☐ |
| Doc | Z. 26 | ☐ | ☒ |

b) Daniel verwendet einmal das umgangssprachliche Wort „Doc“ und einmal das Wort „Hundemörder“. Dieses Wort gehört zwar der Standardsprache an, ist aber vom Sinn her negativ, denn mit dem Wort „Mörder“ bezeichnet man normalerweise einen Verbrecher. Die Bezeichnung „Doc“ wirkt herablassend. Durch die Wahl dieser Wörter wird deutlich, dass Daniel den Tierarzt dafür verurteilt, dass er seinen Hund eingeschläfert hat.

2. a)
- Ozzy hat gerade noch gelebt.
- lebendig

b)
- [ ] Unsicherheit und Gleichgültigkeit
- [x] Trauer und Wut
- [ ] Erleichterung und Freude
- [ ] Einsicht und Verständnis

4. a) Erstes Sprachbild:
- [ ] Metapher
- [x] Vergleich
- [ ] Symbol
- [ ] Übertreibung

Zweites Sprachbild:
- [x] Metapher
- [x] Vergleich
- [ ] Symbol
- [ ] Übertreibung

***Hinweis:*** *Einen Vergleich erkennst du am Vergleichswort „wie“. Das ist in beiden Sprachbildern enthalten.*

b) **Erstes Sprachbild:** Daniel spricht dem toten Hund eine Seele zu, die sich in der Tierarztpraxis gefangen fühlt und verzweifelt einen Ausgang sucht – wie ein Vogel, der in einem Käfig eingesperrt ist und raus will.

**Zweites Sprachbild:** Daniel hat den Eindruck, dass sein Hund einen schweren Kampf geführt hat. Dieser Kampf steht bildlich für die Krebskrankheit des Hundes. Am Schluss hat er den Kampf verloren – wie ein Soldat, der im Krieg gekämpft hat und schließlich aufgibt.

c) Mit beiden Sprachbildern gibt der **Ich-Erzähler** zu verstehen, dass er durch den unerwarteten **Tod** seines **Hundes** tief getroffen ist.

4. a) Es kommt ein …

- [x] kurzer Hauptsatz vor.
- [ ] längerer Hauptsatz vor.
- [ ] Satzgefüge vor.
- [x] unvollständiger Satz vor.

✎ ***Hinweis:*** *Einen kurzen Hauptsatz erkennst du daran, dass er kaum mehr enthält als ein Subjekt und das zugehörige Prädikat (eventuell noch ein Objekt). Der zweite Satz ist ein unvollständiger Satz. Es gibt weder ein Subjekt noch ein Prädikat.*

b) Die beiden Sätze in Z. 24 fallen sofort auf, weil sie sehr kurz sind. Das steht im direkten Kontrast zu dem vorhergehenden sehr langen Satzgefüge (Z. 20–23).

c)

| | trifft zu | trifft nicht zu |
|---|---|---|
| Sie fällt auf. | ☒ | ☐ |
| Sie klingt falsch. | ☐ | ☒ |
| Sie wirkt wie mündlich gesprochen. | ☒ | ☐ |
| Sie ist schwer zu verstehen. | ☐ | ☒ |

d)

- [ ] Der Hund muss nun endlich nicht mehr leiden.
- [x] Ozzy war mehr als ein Tier für ihn.
- [x] Ozzy war nun mal nicht zu retten.
- [ ] Auch Hunde können schwer krank werden.

5. Nach Ozzys Tod ist Daniel traurig und wütend zugleich. Er bezeichnet den Tierarzt sogar als „Hundemörder“ (Z. 19). Daran erkennt man seine große Wut auf den Arzt, denn mit dem Wort „Mörder“ bezeichnet man normalerweise einen Verbrecher. Daniel stellt sich vor, dass Ozzys „Hundeseele wie ein aufgescheuchter Vogel durchs Zimmer fliegt und einen Ausgang sucht“ (Z. 21 f.). In diesem Vergleich schreibt er seinem Hund eine Seele zu, die nicht zur Ruhe kommt. Durch das Sprachbild gibt der Ich-Erzähler zu verstehen, dass Ozzy mehr als nur ein Tier für ihn war.

***Wortwahl:***
*„Hundemörder“ zeigt Wut auf den Tierarzt*

***Vergleich:***
*Daniel schreibt Hund eine Seele zu → Ozzy war mehr als ein Hund für ihn; tiefe Trauer*

An einer Stelle ändert sich kurz der Satzbau: Anders als im übrigen Text gibt es in Zeile 24 nur einen kurzen Hauptsatz, gefolgt von einem unvollständigen Satz: „Er hatte Krebs. Wie ein Mensch." (Z. 24) Der Satzbau verdeutlicht hier Daniels Betroffenheit darüber, dass sein Hund nicht zu retten war.

***Satzbau:***
*Kurzer Hauptsatz + unvollständiger Satz → Trauer, weil Ozzy nicht zu retten war*

***Hinweis:*** *Wichtig ist, dass du sprachliche Besonderheiten nicht einfach nur aufzählst, sondern auch sagst, was damit zum Ausdruck kommt.*

## Übung 12

**Text aus Daniels Sicht:**
Ozzy ist tot. Für immer. – Er war wirklich sehr krank. Ich dachte immer, nur Menschen kriegen Krebs. Natürlich hab ich gehofft, dass der Tierarzt ihn rettet. Aber der hat ihn einfach umgebracht! Wieso hat er ihn bloß so schnell eingeschläfert? Ich konnte mich nicht mal von Ozzy verabschieden... Aber was hätte ich auch tun sollen? Der Tierarzt hat mich ja gefragt, ob ich damit einverstanden bin, dass er ihn von seinen Leiden erlöst. Hätte ich da sagen sollen: „Nein, er soll ruhig noch ein bisschen leiden!"? Ich hatte keine Wahl!

*Ozzy war sehr krank*

*Hoffnung auf Heilung*

*Enttäuschung darüber, dass kein Abschied möglich war*

*Einsicht: Einschläferung war notwendig*

## Gesamter Lösungstext zu Kapitel 6

Der Auszug aus dem Jugendroman „Krummer Hund" von Juliane Pickel, erschienen im Jahr 2021, erzählt von einem Tierarztbesuch, der für den Ich-Erzähler ein trauriges Ende nimmt.
Der 15-jährige Daniel hat zusammen mit seiner Mutter und seinem schwer kranken Hund Ozzy eine Tierarztpraxis aufgesucht. Der Tierarzt hat den Hund aber nicht behandelt, sondern das krebskranke Tier eingeschläfert, um es von seinem Leiden zu erlösen. Anschließend lädt er Daniels Mutter für den Abend zum Essen ein. Die Mutter findet das an diesem Tag zwar unpassend, doch Daniel erkennt, dass sie Interesse hat. Er ist wütend über das Gespräch zwischen dem Tierarzt und seiner Mutter und leidet darunter, dass er sich nicht von Ozzy verabschieden konnte. Daniel erinnert sich daran, wie er Ozzy

damals von seinem Vater geschenkt bekommen hat. Langsam begreift er, dass sein Hund nun tot ist, und darüber ist er sehr traurig.
Ozzy hat eine große Bedeutung für Daniel: Er ist nämlich eine Erinnerung an seinen Vater. Der hat ihm das Tier zum Abschied geschenkt, kurz bevor er die Familie verlassen hat. Seither hat er sich nie wieder gemeldet (vgl. Z. 43/44). Ozzy ist zwar außerordentlich hässlich. Für den Ich-Erzähler ist er sogar „der hässlichste Hund der Welt“ (Z. 45). Aber immerhin war er sein Hund (vgl. Z. 46) – und das Einzige, was ihm von seinem Vater geblieben ist.
Nach Ozzys Tod ist Daniel traurig und wütend zugleich. Er bezeichnet den Tierarzt sogar als „Hundemörder“ (Z. 19). Daran erkennt man seine große Wut auf den Arzt, denn mit dem Wort „Mörder“ bezeichnet man normalerweise einen Verbrecher. Daniel stellt sich vor, dass Ozzys „Hundeseele wie ein aufgescheuchter Vogel durchs Zimmer fliegt und einen Ausgang sucht“ (Z. 21 f.). In diesem Vergleich schreibt er seinem Hund eine Seele zu, die nicht zur Ruhe kommt. Durch das Sprachbild gibt der Ich-Erzähler zu verstehen, dass Ozzy mehr als nur ein Tier für ihn war.
An einer Stelle ändert sich kurz der Satzbau: Anders als im übrigen Text gibt es in Zeile 24 nur einen kurzen Hauptsatz, gefolgt von einem unvollständigen Satz: „Er hatte Krebs. Wie ein Mensch.“ (Z. 24) Der Satzbau verdeutlicht hier Daniels Betroffenheit darüber, dass sein Hund nicht zu retten war.
Daniel ist wütend über das Gespräch, das der Tierarzt mit seiner Mutter führt (vgl. Z. 20/21). Der Tierarzt sagt, dass er oft Tiere einschläfert. Er findet es normal, im Anschluss daran alltägliche Dinge zu tun. Daniels Mutter hält das zwar zunächst für unpassend und „verschränkt die Arme vor der Brust“ (Z. 4/5). Als Daniel dann aber sieht, dass seine Mutter auf die Hände des Arztes schaut, versteht er, dass sie sich doch für den Mann interessiert (vgl. Z. 10). Daniel hasst die beiden „dafür, dass sie über Sushi reden“ (Z. 20), kurz nachdem sein Hund eingeschläfert wurde.
Ozzy ist tot. Für immer. – Er war wirklich sehr krank. Ich dachte immer, nur Menschen kriegen Krebs. Natürlich hab ich gehofft, dass der Tierarzt ihn rettet. Aber der hat ihn einfach umgebracht! Wieso hat er ihn bloß so schnell eingeschläfert? Ich konnte mich nicht mal von Ozzy verabschieden... Aber was hätte ich auch tun sollen? Der Tierarzt hat mich ja gefragt, ob ich damit einverstanden bin, dass er ihn von seinen Leiden erlöst. Hätte ich da sagen sollen: „Nein, er soll ruhig noch ein bisschen leiden!“? Ich hatte keine Wahl!

*(546 Wörter)*

***Hinweis:** In der Prüfung musst du einen zusammenhängenden Text schreiben. Wenn du die Lösungen aller Einzelaufgaben des Kapitels zusammenfügst, entsteht der vollständige Lösungstext, wie ihn die Beispiel-Prüfungsaufgabe auf Seite 35 im Aufgabenheft verlangt.*

## Übung 13

1.

| | |
|---|---|
| a) Eine aktuelle Auswertung zeigt jetzt, wie stark die Zahl der Verletzungen und Krankenhauseinweisungen in den USA seit der massenhaften Einführung der Roller zugenommen hat. | USA: Zunahme von Verletzungen und Krankenhauseinweisungen |
| b) „Dabei gab es einen hohen Anteil an Menschen mit Kopfverletzungen, die sehr gefährlich sein können", berichten Forscher der Universität Kalifornien. | viele gefährliche Kopfverletzungen |
| c) Das sei eine doppelt so hohe Rate an Kopfverletzungen wie bei Fahrradfahrern in den USA, schreiben die Wissenschaftler im Fachmagazin „Jama Surgery". | Kopfverletzungen: doppelt so oft wie bei Fahrradfahrern |
| d) Die Verletzungsmuster seien alarmierend und auch in Deutschland zu beobachten, sagt Christopher Spering von der Universitätsmedizin Göttingen. | schwere Verletzungen auch in Deutschland beunruhigend |
| e) „Sowohl bei den Rollerfahrern als auch anderen Unfallbeteiligten wie etwa Fußgängern kommt es oft zu Schädel-Hirn-Traumata sowie Verletzungen der oberen und unteren Extremitäten." | oft Schädel-Hirn-Traumata, Verletzungen an Armen und Beinen |
| f) Ein Problem ist auch, dass andere Verkehrsteilnehmer noch nicht auf Elektroroller eingestellt sind. | Problem: Verkehrsteilnehmer noch nicht vertraut mit E-Rollern |

*Quelle: Studie: E-Scooter-Unfälle führen oft zu Kopfverletzungen. Von Alice Lanzke, dpa/SPIEGEL vom 12. 01. 2020, https://www.spiegel.de/auto/e-scooter-fahrer-verletzen-sich-haeufiger-am-kopf-als-fahrradfahrer-a-da5a270b-ec2d-4562-adda-0620998a5ffc*

✎ ***Hinweis:*** *Es geht darum, die Formulierungen bei den unterstrichenen Textstellen stark zu kürzen und auf den Punkt zu bringen. Das erreichst du z. B., indem du Verben weglässt oder Nominalisierungen vornimmst, z. B. „Zunahme von Kopfverletzungen" statt „Kopfverletzungen haben zugenommen".*

2. individuelle Lösung

3.

| | |
|---|---|
| Teilaufgabe 2 | **Neue Fahrzeuge in den Städten: E-Scooter:**<br>• E-Scooter: elektrisch betriebene Roller<br>• geeignet für kurze Strecken in der Stadt<br>• genutzt vor allem von jüngeren Stadtmenschen und Touristinnen und Touristen |
| Teilaufgabe 3 | **Voraussetzungen für die Benutzung:**<br>• vorgeschriebene Ausstattung: Beleuchtung, zwei Bremsen, Klingel<br>• Roller muss versichert sein<br>• Mindestalter 14 Jahre |
| Teilaufgabe 4 | **Vorteile:**<br>• schnelle, unkomplizierte Nutzung mithilfe von App<br>• keine Probleme bei Parkplatzsuche<br>• Entlastung der Innenstädte vom Autoverkehr<br>• Möglichkeit für Nebeneinkünfte *(Juicer)*<br>**Gefahren:**<br>• Gefahr schwerer Verletzungen<br>• E-Scooter für Straßenverkehr zu schlecht ausgestattet (Blinker fehlen)<br>• große Unfallgefahr für alle Verkehrsteilnehmer<br>• E-Roller sind sehr leise → werden kaum bemerkt<br>• aktuell noch geringe Nutzung von E-Scootern (nur 3 % nutzen Roller regelmäßig)<br>• fehlende Parkbereiche: E-Scooter stehen überall |

✎ ***Hinweis:*** *Du brauchst nur die Inhalte einzutragen, die du später beim Schreiben deines informierenden Textes benutzen willst.*

## Übung 14

1. a) Es gibt auch Stadtmenschen, die E-Scooter richtig cool finden. — *keine Umgangssprache*

   b) Viele Eltern finden es mega, wenn sie für ihre Kinder E-Scooter mieten können. — *keine Umgangssprache*

   c) Ein Juicer hat ganz schön zu ackern: Er muss die E-Scooter abends einsammeln, zu Hause deren Akkus aufladen und sie dann wieder auf die Straße zurückbringen. Ganz schön anstrengend! — *keine Umgangssprache*; *vollständige Sätze schreiben*

   d) Wenn ein Juicer die E-Scooter zu spät zurückbringt, kriegt er fürs Aufladen weniger Kohle. — *keine Umgangssprache*

   e) Es wundert mich überhaupt nicht, dass es in Deutschland schon viele Unfälle mit E-Scootern gegeben hat. — *keine eigene Meinung äußern*

2. a) Es gibt auch Stadtmenschen, die von E-Scootern begeistert sind.

   b) Viele Eltern freut es, wenn sie für ihre Kinder E-Scooter mieten können.

   c) Die Arbeit eines *Juicers* ist hart: [...] Das ist ganz schön anstrengend.

   d) Wenn ein *Juicer* die E-Scooter zu spät zurückbringt, wird seine Bezahlung gekürzt.

   e) Fachleute bestätigen, dass es in Deutschland schon viele Unfälle mit E-Scootern gegeben hat.

3. Seit einiger Zeit sieht man immer öfter neue Fahrzeuge auf unseren Straßen: E-Scooter. Das sind elektrisch betriebene Roller, die sich in der Stadt gut nutzen lassen, um kürzere Strecken zurückzulegen. Beliebt sind sie vor allem bei jungen Leuten und Tourist*innen.

   **Einleitung**
   *E-Scooter neu auf den Straßen*

   *beliebt bei jungen Leuten und Touristinnen bzw. Touristen*

   Wer E-Roller im Straßenverkehr nutzen will, muss einige Voraussetzungen erfüllen: Die Fahrzeuge müssen die vorgeschriebene Ausstattung haben, z. B. sollen sie eine Beleuchtung haben sowie zwei Bremsen und eine

   **Hauptteil**
   **Voraussetzungen:**
   *vorgeschriebene Ausstattung*

Klingel. Außerdem müssen sie versichert sein. Und die Nutzer*innen müssen mindestens 14 Jahre alt sein.

*Versicherung*

*Mindestalter 14 Jahre*

E-Scooter bieten sich vor allem für kurze Strecken an. Tourist*innen können sie z. B. benutzen, um vom Bahnhof zu einem Museum zu gelangen. Mithilfe einer App findet man schnell und unkompliziert einen Roller in der Nähe, den man sich mit nur wenigen Klicks ausleihen und an einem beliebigen Ort wieder abstellen kann. Anders als mit dem Auto gibt es mit E-Scootern auch keine Probleme bei der Parkplatzsuche. In großen Städten können sie insgesamt dazu beitragen, die Stadtzentren vom Autoverkehr zu entlasten, denn für kurze Strecken ist es wesentlich angenehmer, auf den E-Roller zu steigen, als das Auto in Bewegung zu setzen. Außerdem bieten sie Menschen, die ihr Einkommen aufbessern wollen, eine Möglichkeit für Nebeneinkünfte: Sogenannte Juicer sammeln leere E-Scooter ein, laden sie zu Hause auf und bringen sie anschließend auf die Straße zurück. Für jeden aufgeladenen Roller, den sie wieder zurückgebracht haben, bekommen die Juicer vier Euro.

***Vorteile:***
*praktisch für kurze Strecken*

*unkompliziertes Ausleihen per App*

*an beliebigem Ort abstellbar*

*Entlastung der Zentren vom Autoverkehr*

*Möglichkeit für Nebeneinkünfte: Juicer*

E-Scooter sind im Straßenverkehr allerdings nicht ganz ungefährlich. Das gilt nicht nur für die Fahrer*innen, sondern auch für andere Verkehrsteilnehmer*innen, z. B. für Fußgänger*innen. In den USA hat man festgestellt, dass die Krankenhauseinweisungen deutlich gestiegen sind, seit diese Roller dort zugelassen wurden. Für diejenigen, die einen E-Scooter fahren, ist die Verletzungsgefahr sogar doppelt so hoch wie beim Fahrradfahren. Fachleute meinen, dass es häufig zu Unfällen kommt, weil E-Scooter noch nicht ausreichend ausgestattet sind. Es gibt z. B. keine Blinker, mit denen Fahrer*innen anzeigen können, dass sie die Richtung wechseln wollen. Hinzu kommt, dass sie sehr leise sind. So werden sie von Fußgängerinnen und Fußgängern kaum bemerkt.

***Gefahren:***
*Unfallgefahr mit der Folge gefährlicher Verletzungen*

*Krankenhauseinweisungen in den USA deutlich gestiegen*

*Fachleute: Ausstattung von E-Scootern noch nicht ausreichend*

*sehr leise → werden von Fußgängerinnen und Fußgängern kaum bemerkt*

Obwohl E-Scooter in den Großstädten immer öfter zu sehen sind, werden sie nach wie vor nur von wenigen genutzt. In einer Umfrage gaben nur drei Prozent an, einen solchen Roller regelmäßig auszuleihen. Mehr als die Hälfte – nämlich 51,5 Prozent – sagten außerdem, sie hätten sich schon über E-Scooter geärgert. Für Ärger sorgt z. B., dass sie an allen möglichen Orten abgestellt werden. Den Anblick von rücksichtslos geparkten Rollern empfinden viele als störend.

*rücksichtslos geparkte Roller werden als störend empfunden*

**Hinweis:** *Orientiere dich beim Schreiben an deinem Schreibplan.*

## Übung 15

1. E-Scooter sind in den Städten zwar immer häufiger zu sehen, allerdings ist ihre Nutzung noch mit vielen Nachteilen verbunden.

2. Dass diese Roller die Verkehrswende einleiten könnten, ist eher nicht zu erwarten.

3. Dazu ist die Anzahl derer, die sie benutzen, nach wie vor zu gering. Im schlimmsten Fall tragen die Roller sogar dazu bei, den Verkehr in den Städten noch zu erhöhen. Schließlich müssen sie regelmäßig von *Juicern* eingesammelt, aufgeladen und zurückgebracht werden – und das geschieht meist mit dem Auto.

## Übung 16

1. a) E-Roller immer häufiger auf Deutschlands Straßen
   b) Roller beliebt bei Touristinnen bzw. Touristen und Familien
   c) E-Scooter: Ein Vergnügen für Jugendliche!
   d) Nebenjob: Aufladen von E-Scootern
   e) Schwere Unfälle auf Bürgersteigen durch E-Scooter
   f) Sicherheitsrisiko durch E-Scooter?

2. Verkehrswende durch E-Scooter kaum zu erwarten

   **Hinweis:** *Nutze die Hauptinformation deines abschließenden Urteils für die Überschrift. Damit bereitest du deine Leser*innen schon auf den Inhalt deines Textes vor.*

## Gesamter Lösungstext zu Kapitel 7

### Verkehrswende durch E-Scooter kaum zu erwarten

Seit einiger Zeit sieht man immer öfter neue Fahrzeuge auf unseren Straßen: E-Scooter. Das sind elektrisch betriebene Roller, die sich in der Stadt gut nutzen lassen, um kürzere Strecken zurückzulegen. Beliebt sind sie vor allem bei jungen Leuten und Touristinnen bzw. Touristen.

Wer E-Roller im Straßenverkehr nutzen will, muss einige Voraussetzungen erfüllen: Die Fahrzeuge müssen die vorgeschriebene Ausstattung haben, z. B. sollen sie eine Beleuchtung haben sowie zwei Bremsen und eine Klingel. Außerdem müssen sie versichert sein. Und die Nutzer*innen müssen mindestens 14 Jahre alt sein.

E-Scooter bieten sich vor allem für kurze Strecken an. Touristinnen bzw. Touristen können sie z. B. benutzen, um vom Bahnhof zu einem Museum zu gelangen. Mithilfe einer App findet man schnell und unkompliziert einen Roller in der Nähe, den man sich mit nur wenigen Klicks ausleihen und an einem beliebigen Ort wieder abstellen kann. Anders als mit dem Auto gibt es mit E-Scootern auch keine Probleme bei der Parkplatzsuche. In großen Städten können sie insgesamt dazu beitragen, die Stadtzentren vom Autoverkehr zu entlasten, denn für kurze Strecken ist es wesentlich angenehmer, auf den E-Roller zu steigen, als das Auto in Bewegung zu setzen.

Außerdem bieten sie Menschen, die ihr Einkommen aufbessern wollen, eine Möglichkeit für Nebeneinkünfte: Sogenannte Juicer sammeln leere E-Scooter ein, laden sie zu Hause auf und bringen sie anschließend auf die Straße zurück. Für jeden aufgeladenen Roller, den sie wieder zurückgebracht haben, bekommen die Juicer vier Euro.

E-Scooter sind im Straßenverkehr allerdings nicht ganz ungefährlich. Das gilt nicht nur für die Fahrer*innen, sondern auch für andere Verkehrsteilnehmer*innen, z. B. für Fußgänger*innen. In den USA hat man festgestellt, dass die Krankenhauseinweisungen deutlich gestiegen sind, seit diese Roller dort zugelassen wurden. Für diejenigen, die einen E-Scooter fahren, ist die Verletzungsgefahr sogar doppelt so hoch wie beim Fahrradfahren.

Fachleute meinen, dass es häufig zu Unfällen kommt, weil E-Scooter noch nicht ausreichend ausgestattet sind. Es gibt z. B. keine Blinker, mit denen Fahrer*innen anzeigen können, dass sie die Richtung wechseln wollen. Hinzu kommt, dass sie sehr leise sind. So werden sie von Fußgängerinnen und Fußgänger kaum bemerkt.

Obwohl E-Scooter in den Großstädten immer öfter zu sehen sind, werden sie nach wie vor nur von wenigen genutzt. In einer Umfrage gaben nur drei Prozent an, einen solchen Roller regelmäßig auszuleihen. Mehr als die Hälfte – nämlich 51,5 Prozent – sagten außerdem, sie hätten sich schon über E-Scooter geärgert. Für Ärger sorgt z. B., dass sie an allen möglichen Orten abgestellt werden. Den Anblick von rücksichtslos geparkten Rollern empfinden viele als störend.

E-Scooter sind in den Städten zwar immer häufiger zu sehen, allerdings ist ihre Nutzung noch mit vielen Nachteilen verbunden. Dass diese Roller die Verkehrswende einleiten könnten, ist eher nicht zu erwarten. Dazu ist die Anzahl derer, die sie benutzen, nach wie vor zu gering. Im schlimmsten Fall tragen die Roller sogar dazu bei, den Verkehr in den Städten noch zu erhöhen. Schließlich müssen sie regelmäßig von Juicern eingesammelt, aufgeladen und zurückgebracht werden – und das geschieht meist mit dem Auto.

*(497 Wörter)*

***Hinweis:*** *In der Prüfung musst du einen zusammenhängenden Text schreiben. Wenn du die Lösungen aller Einzelaufgaben des Kapitels zusammenfügst, entsteht der vollständige Lösungstext, wie ihn die Beispiel-Prüfungsaufgabe auf Seite 47 im Aufgabenheft verlangt.*

## Übung 17

1. In allen drei Materialien geht es um **Werbung für Süßigkeiten**.

2.

| | M 1 | M 2a | M 2b | M 3 |
|---|---|---|---|---|
| a) Für Süßigkeiten wird viel geworben. | ☒ | ☒ | ☐ | ☒ |
| b) Viele Kinder ernähren sich nicht gesund. | ☒ | ☒ | ☒ | ☐ |
| c) Eine Folge der ungesunden Ernährung ist Übergewicht. | ☒ | ☐ | ☒ | ☐ |
| d) Werbung für Süßigkeiten sollte verboten werden. | ☐ | ☒ | ☐ | ☐ |
| e) Süßigkeiten-Hersteller geben immer mehr Geld für Werbung aus. | ☐ | ☐ | ☐ | ☒ |
| f) Ein Werbeverbot für Süßigkeiten ist nicht sinnvoll. | ☐ | ☐ | ☒ | ☐ |

3. In den drei Materialien geht es um Werbung für Süßigkeiten. Dabei wird der Frage nachgegangen, welchen Einfluss Influencer-Werbung auf Jugendliche hat und ob Werbung für Süßigkeiten verboten werden sollte.

## Übung 18

1.

| | |
|---|---|
| **Textsorte** | Artikel |
| **Titel** | Wie Influencer Zuckerbomben ins Kinderzimmer bringen |
| **Verfasserin/Verfasser** | Carolin Wahnbaeck |
| **Erscheinungsdatum** | 17. 02. 2021 |
| **Erscheinungsort** | Spiegel.de |
| **Thema** | Influencer-Werbung für Süßigkeiten |

2. In dem Artikel „Wie Influencer Zuckerbomben ins Kinderzimmer bringen" von Carolin Wahnbaeck, erschienen am 17. 02. 2021 bei Spiegel.de, geht es um Influencer-Werbung für Süßigkeiten.

3. Der Text erklärt, wie Influencer-Werbung funktioniert und welche negativen Auswirkungen sie auf Kinder und Jugendliche haben kann.

4.

| | AA | E | B |
|---|---|---|---|
| a) In den sozialen Medien werben Influencer für Produkte. | ☒ | ☐ | ☐ |
| b) Kinder, die diese Werbung sehen, wollen die Produkte kaufen. | ☐ | ☒ | ☐ |
| c) Ein Influencer führt vor, wie gerne er Gummibärchen isst. | ☐ | ☐ | ☒ |
| d) Eine andere Influencerin macht Werbung für Schokolade. | ☐ | ☐ | ☒ |
| e) Fachleute machen sich Sorgen um die Gesundheit von Kindern. | ☒ | ☐ | ☐ |
| f) Sie haben gemerkt, dass immer mehr Kinder übergewichtig sind. | ☐ | ☒ | ☐ |
| g) Das führen sie darauf zurück, dass sie sich ungesund ernähren. | ☐ | ☒ | ☐ |

5. individuelle Lösung

6. Der Text M 1 zeigt, dass Kinder in den sozialen Medien ständig der Werbung für Süßigkeiten ausgesetzt sind. Eine besondere Rolle spielen dabei Influencer: Auf ihren Kanälen sehen Kinder regelmäßig Werbung für Gummibärchen, Zuckerstangen oder Fast Food. Weil sie sich den Influencern nahe fühlen und ihnen vertrauen, folgen sie den Werbeempfehlungen. Das hat eine Studie ergeben. Laut der Verbraucherorganisation „Foodwatch" verkauft die Lebensmittelindustrie auf diese Weise ungesunde Lebensmittel an Millionen von Kindern. Die Folgen sind besorgniserregend: Der Werbeeinfluss der Influencer führt dazu, dass der Zuckerkonsum der Jüngsten mindestens doppelt so hoch ist, wie er laut den Empfehlungen der WHO sein sollte. Diese Fehlernährung führt im Laufe der Zeit zu Übergewicht, manchmal sogar zu Fettleibigkeit. Das kann langfristig zu schweren Krankheiten wie Diabetes führen.

*Kinder sind durch Social Media ständig Werbung für Süßigkeiten ausgesetzt*

*großes Vertrauen in Influencer → Kauf der Produkte*

*Folge: Zuckerkonsum viel zu hoch*

*Fehlernährung führt zu Übergewicht und*

## Übung 19

1.

| Gründe für ein Verbot von Süßigkeiten-Werbung | Gründe gegen ein Verbot von Süßigkeiten-Werbung |
|---|---|
| *Werbung verführt Kinder zum Konsum von Süßigkeiten. (M 2 a, Z. 5).* | *Der Geschmack verführt Kinder zum Essen von Süßigkeiten, nicht die Werbung (M 2 b, Z. 2–4).* |
| Kinder können Werbung und Wirklichkeit nicht unterscheiden. (M 2 a, Z. 5/6) | Gesundheit von Kindern sollte durch mehr Sport gefördert werden. (M 2 b, Z. 6/7) |
| Süßigkeiten bekommen durch Werbung ein positives Image. (M 2 a, Z. 6–8) | Kinder müssen lernen, Süßigkeiten nur in Maßen zu essen. (M 2 b, Z. 7/8) |
| Häufiger Verzehr von Süßigkeiten und Fast Food: Risiko für die Gesundheit (M 2 a, Z. 12–14) | Es ist die Aufgabe der Eltern, ihren Kindern ein Bewusstsein für gesunde Ernährung zu vermitteln. (M 2 b, Z. 10/11) |

2. Die Verfasserin von M 2a und der Verfasser von M 2b sind sich in einer Sache einig: Es ist nicht gut, wenn Kinder zu viele Süßigkeiten essen. Allerdings unterscheidet sich ihre Meinung darüber, wie das erreicht werden kann.

*Gemeinsamkeit in M 2a und M 2b: zu viele Süßigkeiten sind ungesund*

Daniela Vates, die Verfasserin von M 2a, meint, Süßigkeiten und Fast Food würden durch Werbung ein positives Image erhalten. Das würde Kinder dazu verführen, mehr ungesunde Lebensmittel zu essen, als ihnen guttue. Zudem können Kinder nicht zwischen Werbung und Wirklichkeit unterscheiden. Dadurch lassen sie sich stärker als Erwachsene von Influencern beeinflussen und kaufen die Produkte, für die auf Social Media Werbung gemacht wird. Im Fall von Süßigkeiten wirkt sich das negativ auf die Gesundheit aus. Deshalb befürwortet Daniela Vates ein Werbeverbot für Süßigkeiten.

***M 2a:***
*– Werbung verleiht Süßigkeiten positives Image*
*– Unterscheidung zwischen Werbung und Wirklichkeit fällt Kindern schwer*
*→ Befürwortung eines Werbeverbots*

Dirk Schumacher, der Verfasser von M 2b, meint, Kinder hätten vor allem deshalb Lust auf Schokolade, weil sie lecker schmecke. Werbung hat seiner Meinung nach keinen Einfluss darauf, dass Kinder mehr Süßigkeiten essen. Kinder müssen lernen, Süßigkeiten nur in Maßen zu essen und auf eine gesunde Ernährung zu achten. Es sei Aufgabe der Eltern, ihnen das beizubringen, meint Dirk Schumacher. Ein Werbeverbot für Süßigkeiten lehnt er deshalb ab.

***M 2b:***
*– Werbung hat keinen Einfluss auf Konsum von Süßigkeiten*
*– Aufgabe der Eltern: Gesunde Ernährung der Kinder*
*→ Ablehnung eines Werbeverbots*

## Übung 20

1.

| | These | Begründung | Beispiel oder Erläuterung |
|---|---|---|---|
| bei a) | ☐ | ☐ | ☒ |
| bei b) | ☐ | ☒ | ☐ |
| bei c) | ☐ | ☐ | ☒ |

2. a) Viele Eltern merken überhaupt nicht, dass ihre Kinder auf Social Media mit versteckten Werbebotschaften in Berührung kommen. Ein Grund dafür ist, dass sie nicht wissen, auf welchen Plattformen ihre Kinder aktiv sind. So kriegen sie es zum Beispiel gar nicht mit, wenn ihr Sohn oder ihre Tochter sich Videos ansehen, in denen der YouTuber Simon Desue Werbung für Zuckerstangen macht.
   b) Vor allem jüngere Kinder lassen sich von Influencern zum Kauf von Süßigkeiten verführen. Das liegt vor allem daran, dass viele Influencer richtige Vorbilder für sie sind. Der YouTube-Star Simon Desue erreicht zum Beispiel viele jugendliche Follower mit seiner Werbung für Süßigkeiten.
   c) Kinder merken oft gar nicht, dass Influencer für Produkte werben. In den sozialen Medien ist Werbung nämlich häufig nicht klar gekennzeichnet. Der Hinweis „Anzeige“ oder „Werbung“ ist z. B. oft ganz unauffällig in einer Ecke platziert, sodass man ihn kaum bemerkt.

   **Hinweis:** *Die Teile, die in den Argumenten gefehlt haben und nun ergänzt wurden, sind hier unterstrichen.*

3. Die Schülerin meint, Kinder würden sich durch ein Werbeverbot für Süßigkeiten nicht beeinflussen lassen. Sie würden einfach essen, was ihnen schmeckt. — ***Aussage der Schülerin:*** *Werbeverbot hat keine Auswirkungen*

   Ich stimme der Aussage der Schülerin nicht zu. — ***eigene Meinung***

   Kinder und Jugendliche werden vor allem in den sozialen Medien von Werbung beeinflusst. — ***Argument 1:*** *These*
   Weil sie die Influencer als Vorbilder ansehen, befolgen sie deren Ratschläge und kaufen die Produkte, für die geworben wird. — *Begründung*
   Wenn ihnen zum Beispiel regelmäßig vorgeschwärmt wird, wie lecker bestimmte Gummibärchen schmecken, werden sie diese irgendwann probieren wollen. — *Beispiel*

   Süßigkeiten-Werbung findet man aber nicht nur in den sozialen Medien. Sie begegnet Kindern überall, auch im Fernsehen und auf Plakaten. Eigentlich können sie dieser Werbung also gar nicht entkommen und sie werden sich früher oder später davon beeinflussen lassen. Man bedenke nur, wie viel Geld die Hersteller regelmäßig für Süßigkeiten-Werbung ausgeben. Allein — ***Argument 2:*** *These + Begründung*

im Jahr 2021 waren es in Deutschland mehr als eine Milliarde Euro. Damit haben sich die Werbeausgaben für Süßigkeiten im Vergleich zum Vorjahr noch einmal um rund 200 Millionen Euro erhöht. Es kann nur einen Grund geben, weshalb Unternehmen immer mehr Geld für Süßigkeiten-Werbung ausgeben: Ihre Werbung wirkt. *Beispiel*

Es kann natürlich sein, dass Kinder auch auf andere Weise beeinflusst werden, z. B. durch ihre Freundinnen und Freunde und durch ihre Eltern. Dass Werbung aber spurlos an ihnen vorübergeht, glaube ich nicht. Deshalb halte ich es für richtig, Süßigkeiten-Werbung zu verbieten. ***Fazit***

***Hinweis:*** *Nutze für deine Stellungnahme Informationen aus allen drei Materialien.*

## Gesamter Lösungstext zu Kapitel 8

Der Text M 1 zeigt, dass Kinder in den sozialen Medien ständig der Werbung für Süßigkeiten ausgesetzt sind. Eine besondere Rolle spielen dabei Influencer: Auf ihren Kanälen sehen Kinder regelmäßig Werbung für Gummibärchen, Zuckerstangen oder Fast Food. Weil sie sich den Influencern nahe fühlen und ihnen vertrauen, folgen sie den Werbeempfehlungen. Das hat eine Studie ergeben. Laut der Verbraucherorganisation „Foodwatch" verkauft die Lebensmittelindustrie auf diese Weise ungesunde Lebensmittel an Millionen von Kindern. Die Folgen sind besorgniserregend: Der Werbeeinfluss der Influencer führt dazu, dass der Zuckerkonsum der Jüngsten mindestens doppelt so hoch ist, wie er laut den Empfehlungen der WHO sein sollte. Diese Fehlernährung führt im Laufe der Zeit zu Übergewicht, manchmal sogar zu Fettleibigkeit. Das kann langfristig zu schweren Krankheiten wie Diabetes führen.

Die Verfasserin von M 2 a und der Verfasser von M 2 b sind sich in einer Sache einig: Es ist nicht gut, wenn Kinder zu viele Süßigkeiten essen. Allerdings unterscheidet sich ihre Meinung darüber, wie das erreicht werden kann.

Daniela Vates, die Verfasserin von M 2 a, meint, Süßigkeiten und Fast Food würden durch Werbung ein positives Image erhalten. Das würde Kinder dazu verführen, mehr ungesunde Lebensmittel zu essen, als ihnen guttue. Zudem können Kinder nicht zwischen Werbung und Wirklichkeit unterscheiden.

Dadurch lassen sie sich stärker als Erwachsene von Influencern beeinflussen und kaufen die Produkte, für die auf Social Media Werbung gemacht wird. Im Fall von Süßigkeiten wirkt sich das negativ auf die Gesundheit aus. Deshalb befürwortet Daniela Vates ein Werbeverbot für Süßigkeiten.
Dirk Schumacher, der Verfasser von M 2b, meint, Kinder hätten vor allem deshalb Lust auf Schokolade, weil sie lecker schmecke. Werbung hat seiner Meinung nach keinen Einfluss darauf, dass Kinder mehr Süßigkeiten essen. Kinder müssen lernen, Süßigkeiten nur in Maßen zu essen und auf eine gesunde Ernährung zu achten. Es sei Aufgabe der Eltern, ihnen das beizubringen, meint Dirk Schumacher. Ein Werbeverbot für Süßigkeiten lehnt er deshalb ab.
Die Schülerin meint, Kinder würden sich durch ein Werbeverbot für Süßigkeiten nicht beeinflussen lassen. Sie würden einfach essen, was ihnen schmeckt. Ich stimme der Aussage der Schülerin nicht zu.
Kinder und Jugendliche werden vor allem in den sozialen Medien von Werbung beeinflusst. Weil sie die Influencer als Vorbilder ansehen, befolgen sie deren Ratschläge und kaufen die Produkte, für die geworben wird. Wenn ihnen zum Beispiel regelmäßig vorgeschwärmt wird, wie lecker bestimmte Gummibärchen schmecken, werden sie diese irgendwann probieren wollen.
Süßigkeiten-Werbung findet man aber nicht nur in den sozialen Medien. Sie begegnet Kindern überall, auch im Fernsehen und auf Plakaten. Eigentlich können sie dieser Werbung also gar nicht entkommen und sie werden sich früher oder später davon beeinflussen lassen. Man bedenke nur, wie viel Geld die Hersteller regelmäßig für Süßigkeiten-Werbung ausgeben. Allein im Jahr 2021 waren es in Deutschland mehr als eine Milliarde Euro. Damit haben sich die Werbeausgaben für Süßigkeiten im Vergleich zum Vorjahr noch einmal um rund 200 Millionen Euro erhöht. Es kann nur einen Grund geben, weshalb Unternehmen immer mehr Geld für Süßigkeiten-Werbung ausgeben: Ihre Werbung wirkt.
Es kann natürlich sein, dass Kinder auch auf andere Weise beeinflusst werden, z. B. durch ihre Freundinnen und Freunde und durch ihre Eltern. Dass Werbung aber spurlos an ihnen vorübergeht, glaube ich nicht. Deshalb halte ich es für richtig, Süßigkeiten-Werbung zu verbieten.

*(537 Wörter)*

**Hinweis:** *In der Prüfung musst du einen zusammenhängenden Text schreiben. Wenn du die Lösungen aller Einzelaufgaben des Kapitels zusammenfügst, entsteht der vollständige Lösungstext, wie ihn die Beispiel-Prüfungsaufgabe auf Seite 58 im Aufgabenheft verlangt.*

# ▶ Lösungen Original-Prüfungsaufgaben

## Erster Prüfungsteil: Leseverstehen

✎ **Hinweis:** *Lies den Text gründlich durch. Bearbeite die Aufgaben dann der Reihe nach. Unterstreiche die Textstellen, die für die Beantwortung der jeweiligen Frage wichtig sind. Beachte:*

1. *Jede Antwort steht im Text.*
2. *Bei den meisten Fragen wird der Abschnitt genannt, in dem du die richtige Antwort findest. Konzentriere dich auf diesen Abschnitt.*
3. *Prüfe bei Multiple-Choice-Aufgaben (Auswahl aus mehreren Lösungsmöglichkeiten) jede einzelne Möglichkeit anhand des Textes. Kreuze die Lösung erst an, wenn du die Textstelle gefunden hast, die deine Antwort belegt.*
4. *Wenn die Arbeitsanweisung lautet „Kreuze* ***die*** *richtige Antwort an.", kann es nur* ***eine*** *richtige Antwort geben. Bei Formulierungen wie „Welche der folgenden* ***Aussagen*** *sind richtig?" sind* ***mehrere*** *Möglichkeiten anzukreuzen.*
5. *Die Informationen aus dem Text werden in der Regel nacheinander abgefragt. Du kannst den Text also von oben nach unten „abarbeiten".*

1. Im Unterschied zu anderen Bibliotheken kann man in der Kölner Bibliothek (Abschnitt 1) …

   a) ☐ nur religiöse Bücher ausleihen.
   b) ☐ Bücher nur für einen Tag ausleihen.
   c) ☒ sprechende Bücher ausleihen.
   d) ☐ Bücher auch an Sonntagen ausleihen.

   ✎ **Hinweis:** *vgl. Z. 5*

2. Der ehemalige Wohnungslose Bernd wird als „lebendes Buch" bezeichnet (Abschnitt 2), weil …

   a) ☐ er in seinem Leben viele unglaubliche Dinge erlebt hat.
   b) ☐ er seine Geschichte sehr lebendig und anschaulich erzählt.
   c) ☐ die Schüler seiner Lebensgeschichte sehr gespannt zuhören.
   d) ☒ man ihn ausleihen und seiner Lebensgeschichte zuhören kann.

   ✎ **Hinweis:** *vgl. Z. 14–16*

3. *„30 Minuten Zeit [...] für ein ‚Buch'"* (Abschnitt 3) bedeutet, dass ...
   a) ☐ sich Schülerinnen und Schüler täglich 30 Minuten Zeit für das Lesen nehmen.
   b) ☒ jemand den Schülerinnen und Schülern 30 Minuten aus seinem Leben erzählt.
   c) ☐ die Seitenzahl des Buches so gering ist, dass man es in 30 Minuten lesen kann.
   d) ☐ man sich nach 30 Minuten entscheiden muss, ob man das Buch ausleihen will.

   ***Hinweis:*** *vgl. Z. 26–28*

4. Mit der „Lebenden Bibliothek" begegnet man Menschen (Abschnitt 4), die ...
   a) ☐ man bis dahin nur beobachtet hat.
   b) ☒ man möglicherweise nicht wahrgenommen hätte.
   c) ☐ lange auf ein Gespräch warten mussten.
   d) ☐ über alltägliche Dinge sprechen wollen.

   ***Hinweis:*** *vgl. Z. 38*

5.

| Weg | Reihenfolge: 1, 2, 3, 4 |
|---|---|
| a) Köln | 3 |
| b) Genoveva-Gymnasium | 4 |
| c) Wien | 2 |
| d) Dänemark | 1 |

***Hinweis:*** *vgl. Z. 41–58. Die Idee stammt aus Dänemark (1), die Projektleiterin Sabine Kern hat sie während einer Reise in Wien kennengelernt (2) und von dort nach Köln (3) mitgebracht. Im Kölner Genoveva-Gymnasium (4) veranstaltet sie schließlich das Projekt.*

6. Zu den Aufgaben der Projektleiterin gehört auch die Suche nach (Abschnitt 5) ...
   a) ☐ spannenden Dokumentationen über Jäger.
   b) ☐ einem Buch über Astronauten.
   c) ☒ neuen interessanten Menschen.
   d) ☐ einer großen Veranstaltung.

   ***Hinweis:*** *vgl. Z. 46–48*

7. In einem Übergangsheim (Abschnitt 6) …
   a) ☐ kann man nur über Tag bleiben.
   b) ☒ muss man sich an festgelegte Zeiten halten.
   c) ☐ kann man immer umsonst essen.
   d) ☐ muss man sein eigenes Zimmer säubern.

   **Hinweis:** *vgl. Z. 72–74. Wenn du unsicher bist, verfahre nach dem Ausschlussprinzip: Prüfe, was auf keinen Fall richtig sein kann bzw. was nicht im Text steht, und streiche diese Möglichkeit dann.*

8. Bernd berichtet, dass sich die Bewohner des Übergangswohnheims an festgelegte Zeiten und Regeln zu halten haben. So herrscht von 21 Uhr abends bis 7 Uhr morgens Anwesenheitspflicht. Jede Woche muss jemand anderes kochen, und es gibt Putz- und Einkaufsdienste. Deswegen hat er sich „auch manchmal wie in einem Gefängnis gefühlt." (Z. 80/81)

   **Hinweis:** *Du solltest den gesamten Abschnitt, in dem das Zitat zu finden ist, noch einmal lesen und dich bei deiner Antwort auf den Text beziehen. Das gelingt dir z. B., indem du konkrete Beispiele aus dem Text nennst.*

9. Bernd musste erst lernen (Abschnitt 7), …
   a) ☐ den Wert seiner Arbeit einzuschätzen.
   b) ☐ andere Menschen um Hilfe zu bitten.
   c) ☐ im Wohnheim zurechtzukommen.
   d) ☒ über sein Leben zu sprechen.

   **Hinweis:** *vgl. Z. 87–91. Im Text steht, dass es „nicht immer so gewesen" sei, dass er „seine Geschichte fremden Menschen erzählen" konnte. Also musste er erst lernen, über sein Leben zu sprechen.*

10. Bernd möchte andere dazu ermutigen (Abschnitt 7), Hilfe …
   a) ☐ anzufragen.
   b) ☐ anzubieten.
   c) ☐ abzulehnen.
   d) ☒ anzunehmen.

   **Hinweis:** *vgl. Z. 98/99. Das Verb „annimmt" (Infinitiv: annehmen) wird ausdrücklich im Text genannt.*

11. Die Schülerinnen und Schüler schätzen an den „lebenden Büchern“ (Abschnitt 8), dass diese …
    a) ☒ eigene Erfahrungen schildern.
    b) ☐ gute Geschichten erfinden.
    c) ☐ einfach irgendwas erzählen.
    d) ☐ von Niederlagen berichten.

    ✎ **Hinweis:** *vgl. Z. 104–106*

12. Zur Aussage des Schülers Stellung nehmen, die eigene Meinung begründen und mit Textstellen belegen

    ✎ **Hinweis:** *Du kannst die Meinung des Schülers ablehnen oder ihr zustimmen. Wichtig ist, dass du deine Ansicht begründest. Dazu musst du dich auf den Text beziehen. Du solltest aber auch eigene Gedanken einfließen lassen. Suche im Text zunächst Argumente für deine Position. Unterstreiche sie mit einer bestimmten Farbe und kommentiere sie innerhalb deiner Stellungnahme.*

    *Lösungsvorschlag für Zustimmung:*
    Ich stimme der Meinung des Schülers zu. Selbstverständlich sind die Erzählungen aus der „lebenden Bibliothek“ nicht mit richtigen Büchern zu vergleichen, aber zumindest wird so die Phantasie der Zuhörer*innen angeregt und sie lernen verschiedene Lebensweisen kennen. Die Projektleiterin Sabine Kern versucht schließlich, immer neue „Exemplare“ (Z. 46/47) für ihre „lebende Bibliothek“ zu finden: vom Jäger über den Astronauten bis hin zu Veganern oder einer modernen Muslima (vgl. Z. 51–63). Ihre Geschichten sind sicher so vielfältig wie die Bücher in einer Bibliothek. Und möglicherweise regen sie sogar dazu an, richtige Bücher zu lesen.

    *Lösungsvorschlag für Ablehnung:*
    Ich bin nicht der Meinung des Schülers. Die Schüler*innen hören in der „lebenden Bibliothek“ zwar möglicherweise eine spannende Lebensgeschichte, aber wissen sie, ob sie stimmt? Sie können es nirgendwo nachlesen. Auch in Büchern sind Geschichten oft erfunden, aber dann weiß man es wenigstens, etwa in Romanen oder bei Science-Fiction-Geschichten.
    Außerdem wird den Schüler*innen dadurch, dass sie Geschichten erzählt bekommen, jede eigene Aktivität abgenommen. Sie müssen sich keine Texte selbst erschließen, sondern können sich einfach berieseln lassen. Die

Lesekompetenz stärkt das jedenfalls nicht. Hin und wieder ist es sicher gut, wenn Leute aus allen möglichen Schichten der Gesellschaft ihre Geschichten erzählen. Was das soziale Miteinander betrifft, kann sich das bestimmt positiv auswirken. Aber dennoch geht es bei diesen Erzählungen nicht um ein Buch- oder Leseerlebnis.

## Zweiter Prüfungsteil: Wahlthema 1

***Hinweis:*** *Bei der Analyse (Untersuchung) eines literarischen Textes empfiehlt sich grundsätzlich folgende Strategie:*

1. ***Lies*** *den Text* ***vollständig*** *und gründlich durch.*
2. *Überlege, wovon der Text handelt. Wie lautet das* ***zentrale Thema****? Markiere auffällige Textstellen.*
3. *Lies dir dann die Aufgabenstellungen gründlich durch. Am besten* ***nummerierst*** *du die* ***einzelnen Teilaufgaben*** *auf dem Aufgabenblatt, damit du beim Schreiben später nichts vergisst.*
4. *Der Schreibplan für deine Textanalyse ist dir durch die Aufgabenstellung schon* ***Schritt für Schritt*** *vorgegeben. Bearbeite deshalb die Teilaufgaben unbedingt* ***der Reihe nach****.*
5. *Beginne mit der ersten Teilaufgabe.* ***Unterstreiche*** *die Textstellen, die für die Antwort wichtig sind, und mache dir am Rand* ***Notizen****.*
6. *Notiere auf einem gesonderten Blatt* ***Stichworte*** *oder kurze Sätze zu den wichtigsten Informationen. So hast du ein grobes Konzept für die Lösung der jeweiligen Aufgabe. Gleichzeitig trainierst du mit dieser Übung zwei Fähigkeiten:*
   - *den Blick für das Wesentliche zu entwickeln und*
   - *Textstellen in eigenen Worten wiederzugeben.*

   *Bedenke: Eine Aufgabe ist nie damit gelöst, dass du die Textvorlage abschreibst.*
7. *Formuliere aus deinen Stichworten einen* ***zusammenhängenden Lösungstext****. Achte dabei auf eine saubere äußere Form.*
8. *Wichtig ist, dass du den Text* ***nicht nacherzählst****, sondern dass du die wichtigsten Informationen herausziehst, die zur jeweiligen Antwort passen.*
9. *Beachte die Zeitform: Schreibe die Textanalyse im* ***Präsens****.*
10. *Lies deinen Text nochmals gründlich durch und verbessere Fehler und Formulierungsschwächen.*

*Im Folgenden findest du zunächst stichwortartige Antworten zu jeder Teilaufgabe. Im Anschluss daran folgt das vollständige Lösungsbeispiel.*

### Teilaufgabe 1

Einleitung schreiben, darin Textsorte, Titel, Autor und Erscheinungsjahr benennen sowie Thema formulieren.

| | |
|---|---|
| Titel: | Skizze eines Sommers |
| Autor: | André Kubiczek |
| Textsorte: | Roman |
| Erscheinungsjahr: | 2016 |
| Thema: | Zufällige Begegnung und erstes Gespräch zwischen einem 16-jährigen Jungen und dem Mädchen, in das er verliebt ist |

### Teilaufgabe 2

Den Text mit eigenen Worten zusammenfassen

- René liest auf einer Bank ein Buch
- zufälliger Blickkontakt mit einem Mädchen, in das er verliebt ist
- kennt Mädchen aus der Disco
- Mädchen nähert sich; René wird nervös
- Begrüßung und erstes Gespräch
- Mädchen nimmt Einladung an, sich auf die Bank zu setzen
- Kurzes Gespräch, dann stilles Nebeneinandersitzen

### Teilaufgabe 3

Darstellung der Annäherung vor der Begegnung auf der Parkbank

- kurze Blickkontakte in der Disco, in der Kaufhalle und an der Straßenbahnhaltestelle
- gegenseitiges Zulächeln
- scheue Begegnungen, jedoch immer aus der Ferne
- schnelles Abwenden nach jedem Blickkontakt

### Teilaufgabe 4

Untersuchung der sprachlichen und formalen Mittel mit denen Renés Unsicherheit beschrieben wird

- Auslassungspunkte verdeutlichen das Zögern von René (vgl. Z. 43)
- Gegensatz steigert die Spannung (vgl. Z. 43–45)

- Personifizierung der Schuhe lässt Annäherung des Mädchens beinahe bedrohlich erscheinen (vgl. Z. 47/48)
- paralleler Satzbau und Reihung von Hauptsätzen zeigt die innere Anspannung Renés (vgl. Z. 47/48)
- Anapher „sie" unterstreicht Bedeutung der Schuhe
- Schuhe stehen symbolisch für das erste Treffen, das plötzlich schnell und unerwartet näher rückt
- kurze unvollständige Fragen an sich selbst (vgl. Z. 50–55)

**Teilaufgabe 5**

Erläuterung, wie sich die Begegnung zwischen René und dem Mädchen entwickelt und welche Rolle die Schuhe dabei spielen

Schritte der Annäherung:
- langsame, behutsame Annäherung
- intensiverer Blickkontakt als bei vorherigen Begegnungen (vgl. Z. 18/19, Z. 31–33)
- kurzes Zuwinken des Jungen (vgl. Z. 38/39)
- Lächeln des Mädchens (vgl. Z. 43)
- langsame räumliche Annäherung (vgl. Z. 45–49)
- Begrüßung durch das Mädchen (vgl. Z. 56)
- schüchterne Erwiderung der Begrüßung (vgl. Z. 63)
- Einladung an das Mädchen, sich zu setzen (vgl. Z. 100)
- kurzes Gespräch über das Lesen (vgl. Z. 102–107)
- stilles, vertraut wirkendes Nebeneinandersitzen

Bedeutung der Schuhe:
- schüchtern gesenkter Blick von René; starrt auf die Schuhe des Mädchens (vgl. Z. 46/47)
- Schuhe kommen näher und werden größer; wirken dadurch bedrohlich (vgl. Z. 47/48)
- René stellt Turnschuhe des Mädchens in einen Gegensatz zu den eigenen Schuhen (vgl. Z. 57–59)
- Schuhe als Symbol für mögliche Partnerschaft (vgl. Z. 60–62)
- Bemerkung über Schuhe als verstecktes Kompliment (vgl. Z. 96)

### Teilaufgabe 6

Text aus Sicht des Mädchens

Mögliche Gedanken:

- netter Junge, aber etwas schüchtern
- Warum wollte er mir nicht sagen, was er ausprobiert hat?
- Was hatte es mit den Schuhen auf sich?
- Das Kompliment war schön. Er scheint aufmerksam zu sein.
- War er nervös? Mag er mich?
- Habe ich ihn verunsichert?
- Ob wir uns wiedersehen?

### Lösungsbeispiel

In dem Auszug des Romans „Skizze eines Sommers“ von André Kubiczek, der im Jahr 2016 erschienen ist, geht es um die Annäherung und das erste Gespräch eines 16-jährigen Jungen mit einem Mädchen, in das er sich verliebt hat und mit dem er bislang nur kurze Blicke ausgetauscht hatte.

***Einleitung***
*Titel, Autor, Textsorte, Erscheinungsjahr, Thema*

René sitzt auf einer Bank und liest ein Buch. Als er den Blick hebt, sieht er zufällig ein Mädchen, das ihm bereits länger sehr gefällt. Sie sind sich schon öfter begegnet, bisher haben sie aber noch nie miteinander gesprochen, sondern nur kurze, schüchterne Blicke ausgetauscht. Das Mädchen erkennt René und kommt langsam auf ihn zu. Der Junge überlegt, wie er sich verhalten und was er sagen soll. Nach einer kurzen Begrüßung dauert es eine Weile, bis ein knappes Gespräch entsteht. Dabei macht René dem Mädchen ein verstecktes Kompliment und lädt es ein, sich neben ihn zu setzen. Nach einem weiteren kurzen Dialog sitzen die beiden schließlich schweigend nebeneinander.

***Inhaltsangabe***
*zufälliges Treffen*

*Mädchen kommt langsam auf René zu*

*kurze Begrüßung und Gespräch*

*stilles Nebeneinandersitzen*

Vor der Begegnung auf der Parkbank haben sie sich schon einige Male gesehen: in der Discothek, in einem Kaufhaus und an der Straßenbahnhaltestelle. Dabei haben sie sich oft gegenseitig angeschaut und sich zuletzt „sogar zugelächelt“ (Z. 24), allerdings immer nur einige Sekunden lang und mit einem „gewissen Sicherheitsabstand“ (Z. 26/27). Für René

***Annäherung vor der Begegnung auf der Parkbank***
*kurzer Blickkontakt*

*gegenseitiges Anlächeln*

*Begegnungen aus der Ferne*

ist sie trotzdem bereits das „allerschönste [Mädchen] auf der ganzen, weiten Welt“ (Z. 11/12). René ist offensichtlich überrascht, als er das Mädchen sieht. Ihre Blicke treffen sich länger als sonst. Doch als sie sich entschließt, auf ihn zuzugehen, wird er merklich nervös.

***Untersuchung der sprachlichen Mittel hinsichtlich der Unsicherheit Renés***

*Auslassungspunkte*

*Gegensatz erhöht Spannung*

Der Autor verdeutlicht diese Unsicherheit zunächst durch Auslassungspunkte zwischen den Gedanken des Jungen (vgl. Z. 43). Der Leser kann dadurch Renés Zögern beim Näherkommen des Mädchens nachempfinden. Ein Gegensatz erhöht die Spannung, die René verspürt, zusätzlich: „[…] sie wandte sich nicht ab, sondern – im Gegenteil – kam langsam heran.“ (Z. 43–45) In den Zeilen 46–49 setzt Kubiczek gleich mehrere Stilmittel ein, um die Unsicherheit des Jungen zu zeigen. Die Schuhe des Mädchens werden personifiziert („Sie wurden immer größer, sie kamen immer näher“, Z. 47/48), sodass ihre Annäherung fast bedrohlich wirkt. Außerdem wird die innere Anspannung an dieser Stelle durch eine Reihe von Hauptsätzen mit parallelem Satzbau ausgedrückt. Dabei unterstreicht die Anapher „sie“ die Bedeutung der Schuhe, die symbolisch für das erste Treffen stehen, das – genau wie die Schuhe des Mädchens – in diesem Moment immer schneller näher rückt. Renés Unsicherheit wird durch die kurzen, unvollständigen und dadurch hektisch wirkenden Fragen in den Zeilen 50 bis 55 zusätzlich betont.

*Personifizierung der Schuhe*

*Hauptsätze mit parallelem Satzbau*

*Anapher „sie“*

*Schuhe als Symbol für das Treffen*

*unvollständige Fragen*

***Entwicklung der Begegnung***

*unsicheres Zuwinken*

*Lächeln des Mädchens*

*Gegensatz zwischen den Turnschuhen*

René und das Mädchen nähern sich ganz langsam und behutsam an. Zum ersten Mal schauen sie sich länger als ein paar Sekunden an (vgl. Z. 18/19, Z. 31–33), dann winkt René dem Mädchen etwas unsicher zu (vgl. Z. 38/39). Als sich ihre Blicke zum zweiten Mal treffen, lächelt das Mädchen. Langsam kommt sie auf René zu, wobei dieser schüchtern den Blick senkt und auf ihre Schuhe starrt. Die Schuhe spielen offenbar eine wichtige Rolle, da sie mehrfach erwähnt werden. So stellt René die „weißen Turnschuhe“ (Z. 57) des Mädchens in einen Gegensatz zu seinen „abblätternden weißen Säuretreter[n]“ (Z. 59), denkt sich dann aber, dass diese zwei Paar Schuhe sehr gut zusammenpassen würden (vgl. Z. 60–62). Damit drückt er indirekt aus, dass auch das Mädchen und er, genau wie die Schuhe der beiden, gut zueinander passen würden. Nach einer kurzen Begrüßung setzt René wiederum die Schuhe ein, um dem Mädchen ein verstecktes Kompliment zu machen („Du hast schöne Schuhe“, Z. 96). Danach lässt die Unsicherheit etwas nach und der Junge lädt das Mädchen ein, sich zu ihm zu setzen. Nach einem kurzen Gespräch über ihre Lesegewohnheiten sitzen die beiden schließlich still nebeneinander.

*Schuhe als Symbol für mögliche Partnerschaft*

*kurze Begrüßung*

*verstecktes Kompliment*

*Einladung an Mädchen, sich zu setzen*

*stilles Nebeneinandersitzen*

Er ist nett, aber schon etwas schüchtern. Und am Anfang unseres Gesprächs, hat er den Kopf so ruckartig bewegt. Das war wirklich seltsam … Warum er mir wohl nicht sagen wollte, was er da ausprobiert hat? Und was hatte es mit meinen Schuhen auf sich? ‚Du hast schöne Schuhe‘, hat er gesagt. War das vielleicht ein Kompliment? Auf jeden Fall ist er aufmerksam und scheint sich für mich zu interessieren … irgendwie jedenfalls. Aber warum wollte er nicht wissen, was ich lese? Vielleicht hätte ich es ihm einfach sagen sollen. Und was hat er eigentlich gelesen? Naja, ein interessanter Typ ist das auf jeden Fall. Wie er mich wohl findet? Er schien fast ein wenig verlegen … ja vielleicht sogar unsicher zu sein. Hatte das was mit mir zu tun? Das wäre ja irgendwie süß! Ober habe ich ihn durch mein Verhalten etwa verunsichert? Ich würde ihn auf jeden Fall gerne wiedersehen! Ja, ich muss ihn unbedingt noch einmal treffen!

***Text aus der Sicht des Mädchens***

*(762 Wörter)*

## Zweiter Prüfungsteil: Wahlthema 2

✎ ***Hinweis:*** *In dieser Aufgabe geht es darum, Informationen zusammenzufassen, zu vergleichen und schließlich zu bewerten. In einer Art Einleitung benennst du zunächst das* ***gemeinsame Thema*** *aller Materialien. Anschließend fasst du M 1 zusammen. Dieses Material liefert Hintergrundinformationen zum Schlaf-wach-Rhythmus der Menschen. Denke daran, die* ***Inhaltszusammenfassung*** *im* ***Präsens*** *zu verfassen und möglichst* ***eigene Formulierungen*** *zu verwenden. Danach befasst du dich mit den Materialien 2 und 3. Darin äußern zwei Schülerinnen ihre Meinung zu der Frage, ob der Unterricht an Schulen grundsätzlich später beginnen sollte. Du musst ihre jeweiligen Positionen herausarbeiten, sie vergleichen und dich dann kritisch mit ihnen auseinandersetzen. Halte dich dabei genau an die Aufgabenstellung: Die Aussagen von M 2 und M 3 sollst du zunächst in* ***eigenen Worten wiedergeben****. Beim anschließenden* ***Vergleich*** *wird von dir verlangt, einen* ***Bezug zum Text*** *herzustellen. Das gelingt dir z. B., indem du direkte und indirekte Zitate aus dem Text einfügst.*
*In der* ***letzten Teilaufgabe*** *sollst du zu einer Äußerung einer Schülerin* ***Stellung nehmen****. Hier ist also deine* ***eigene Meinung*** *gefragt. Die Lösung ist somit sehr individuell. Der Lösungsvorschlag kann hier nur als Anregung dienen. Du kannst der Aussage der Schülerin zustimmen, sie ablehnen oder eine Sowohl-als-auch-Haltung einnehmen. Entscheidend ist, dass du deine Meinung mit* ***schlüssigen Argumenten*** *begründest und dich dabei auch auf die* ***Materialien*** *beziehst.*
*Im Folgenden findest du zunächst stichwortartige Antworten zu jeder Teilaufgabe. Im Anschluss daran folgt das vollständige Lösungsbeispiel.*

### Teilaufgabe 1

Gemeinsames Thema der Materialien M 1 bis M 3 benennen

- Menschen haben verschiedene Schlafgewohnheiten
- unterschiedliche Sichtweisen zu einer möglichen Verschiebung des Unterrichtsbeginns

### Teilaufgabe 2

Informationen aus M1 zusammenfassen

- Menschen haben unterschiedliche Schlafrhythmen: „Lerchen“ vs. „Eulen“
- Alter hat Einfluss auf Schlafzeiten
- veränderter Rhythmus in der Pubertät: Wachzeiten verschieben sich bei Jugendlichen nach hinten
- früher Unterrichtsbeginn für Jugendliche daher problematisch
- Schlaf-und Wachzeiten pendeln sich nach der Jugend wieder ein

**Teilaufgabe 3**

– Aussagen aus M 2 und M 3 mit eigenen Worten darstellen

Stichwortartige Antworten zu M 2:
- späterer Unterrichtsbeginn vermeidet Eile und Stress am Morgen
- positive Auswirkungen von längerem Schlaf sowohl auf das eigene Befinden wie auch auf das der Lehrkräfte
- höhere Konzentration bei Klassenarbeiten
- zwar weniger Freizeit am Nachmittag, dafür Zeitgewinn am Abend
- höhere Sicherheit beim Schulweg aufgrund von Helligkeit am Morgen (insbesondere für Radfahrer*innen)

Stichwortartige Antworten zu M 3:
- Schlafdauer wichtiger als Uhrzeit, zu der man aufsteht
- Ursache für Übermüdung und Konzentrationsprobleme ist ein Schlafdefizit, nicht die frühe Aufstehzeit
- eigene Disziplin ist entscheidend, nicht die Uhrzeit
- späterer Schulschluss nimmt Zeit für Hobbys und Freundschaften
- späterer Schulschluss verringert Zeit für Hausaufgaben
- frühes Aufstehen auch später im Beruf erforderlich

– Vergleich der unterschiedlichen Positionen aus M 2 und M 3 im Hinblick auf die Frage, welche Auswirkung ein späterer Unterrichtsbeginn auf die Freizeitgestaltung und die sozialen Kontakte haben kann

- fehlende Zeit am Nachmittag wird durch größeren Spielraum am Abend ausgeglichen (Selina, M 2)
  ABER: Problem der bereits bestehenden geringen Freizeit für Hobbys wird durch späteren Unterrichtsbeginn weiter verschärft (Sarah, M 3)
- Zeitliche Verschiebungen allein Frage der Organisation; Freund*innen kann man in der Schule treffen (Selina, M 2)
  ABER: Am Abend bleibt zu wenig Zeit für Hobbys, Freund*innen, Hausaufgaben (Sarah, M 3)

### Teilaufgabe 4

Kritisch mit der Aussage einer Schülerin auseinandersetzen

Mögliche Aspekte:

- Erkenntnisse der Chronobiologie sprechen für späteren Unterrichtsbeginn
- Aber: Auch Schulschluss verschiebt sich dann nach hinten
- Führt zu Problemen bei der Ausübung von Hobbys
- Kaum mehr Möglichkeit, regelmäßig zum Fußballtraining zu gehen
- Schüler*innen werden so eher demotiviert als motiviert
- daher Ablehnung eines späteren Schulbeginns

### Lösungsbeispiel

***Gemeinsamens Thema***

In den Materialien M 1 bis M 3 geht es um die wechselnden Schlafgewohnheiten in verschiedenen Lebensphasen und um die Frage, ob der Unterricht an Schulen generell später beginnen sollte.

***Inhaltszusammenfassung M 1***
*unterschiedliche Schlafrhythmen*

Stefanie Reinberger erklärt in M 1, dass Menschen grundsätzlich einen unterschiedlichen Schlaf-wach-Rhythmus haben. Zwischen den Frühaufsteher*innen, den sogenannten Lerchen, und den „Nacht-Eulen" existiert dabei eine große Bandbreite an verschiedenen Schlaftypen. Einen wichtigen Einfluss auf die Schlafzeiten hat, laut Reinberger, das Alter. Kleine Kinder und ältere Menschen stehen eher früh auf, während sich nach Erkenntnissen der Chronobiologie der Schlaf-wach-Rhythmus in der Pubertät deutlich nach hinten verschiebt. Teenager neigen in der ganzen Welt dazu, später zu Bett zu gehen und morgens müde zu sein. Deshalb sei ein früher Schulbeginn in diesem Alter problematisch, so Reinberger. Nach dem 20. Lebensjahr pendelt sich der Rhythmus jedoch wieder ein.

*Einfluss durch das Alter*

*Pubertät: Wachzeiten verschieben sich nach hinten*

*früher Schulbeginn problematisch*

***Hauptaussage von M 2***
*Meinung: späterer Schulbeginn ist sinnvoll*

Selina spricht sich in M 2 für einen späteren Unterrichtsbeginn aus. Am Morgen länger schlafen zu können und sich nicht abhetzen zu müssen, führe zu einer größeren Zufriedenheit sowohl bei Schüler*innen wie bei Lehrer*innen und dadurch zu einem besseren Unterrichtsklima, so die Schülerin. Selina ist überzeugt davon, dass das auch positive Auswirkungen auf Klassenarbeiten und damit auf die

*besseres Unterrichtsklima*

*Verbesserung der Leistungen*

Leistungen hat. Zwar fehle durch einen späteren Unterrichtsbeginn am Nachmittag Freizeit, das lasse sich aber am Abend wieder ausgleichen, glaubt Selina. Zudem ist der Schulweg speziell für Radfahrer*innen im Winter sicherer, wenn der Unterricht später beginnt, da es draußen dann bereits hell ist.

*Zeitgewinn am Abend*

*Schulweg wird sicherer*

Sarah (M 3) hat dazu eine andere Meinung. Sie glaubt, dass allein die Schlafdauer von Bedeutung ist und nicht die Uhrzeit, zu der man aufsteht, denn ein späterer Unterrichtsbeginn verleitet schließlich dazu, abends auch später ins Bett zu gehen. Die Folgen sind Schlafmangel, Müdigkeit und Konzentrationsmangel. Das Problem werde dadurch also nur verschoben und nicht gelöst, meint sie. Sie ist ausdrücklich gegen den späteren Schulbeginn, weil sie dadurch noch weniger Freizeit hätte. Schließlich weist Sarah darauf hin, dass man sich im Arbeitsleben den Arbeitsbeginn auch nicht aussuchen dürfe, und das frühe Aufstehen während der Schulzeit dafür eine gute Vorbereitung sei.

***Hauptaussage von M 3***
*Meinung: späterer Schulbeginn hat viele Nachteile*

*Schlafmangel und Müdigkeit durch spätes Zubettgehen*

*weniger Freizeit am Nachmittag*

*frühes Aufstehen als Vorbereitung für Berufsleben*

Die beiden Mädchen haben somit unterschiedliche Auffassungen zu einem späteren Unterrichtsbeginn. Sie machen sich vor allem Gedanken darüber, wie sich eine längere Schulzeit auf ihre Freizeit auswirken würde. Während Selina darin offenbar kein größeres Problem, sondern sogar einen Vorteil sieht (Z. 9: „Aber dafür könnte man abends länger weggehen“), ist die fehlende Freizeit für Sarah das wichtigste Argument gegen den späteren Schulbeginn. Bereits jetzt sei ihr Stundenplan so voll, dass sie teilweise „erst um fünf Uhr“ (M 3, Z. 14) zu Hause sei, so die Schülerin. Wenn sich der Unterricht noch weiter nach hinten verlagert, bleibe gar keine Zeit mehr für Hobbys, Freundschaften oder auch die Hausaufgaben (vgl. M 3, Z. 16–18). Selina ist hingegen der Meinung, dass die zeitliche Verschiebung der Freizeit lediglich eine Frage der Organisation sei und seine Freund*innen könne man schließlich auch in der Schule treffen, so das Mädchen.

***Vergleich in Bezug auf Freizeitgestaltung***

*M 2: mehr freie Zeit am Abend*

*M 3: fehlende Freizeit*

*M 3: keine Zeit mehr für Hobbys und Freund*innen*

*M 2: zeitliche Verschiebung durch gute Organisation lösbar*

**Stellungnahme**

*Position: Ablehnung eines späteren Schulbeginns*

Die Aussage der Schülerin ist von mehreren Seiten zu betrachten. Für eine größere Motivation durch einen späteren Unterrichtsbeginn sprechen sicher die Erkenntnisse der Chronobiologie (vgl. M 1). Danach haben Jugendliche weltweit einen anderen Schlaf-wach-Rhythmus als kleine Kinder oder ältere Menschen. Sie werden abends nicht müde, kommen dafür jedoch „morgens nicht aus den Federn" (M 1, Z. 11). Ein späterer Unterrichtsbeginn könnte ihnen sicher entgegenkommen, wie auch Selina in M 2 meint: Sie würden „entspannter und fröhlicher in die Schule" (M 2, Z. 4) kommen und bessere Leistungen erbringen, wenn sie eine Stunde länger schlafen könnten.
Gegen einen späteren Schulbeginn spricht jedoch, dass sich so auch der Schulschluss nach hinten verschiebt. Obwohl die Schule in der Regel um 8 Uhr beginnt, endet sie auch heute schon oft erst um 15 Uhr oder noch später. Mein Fußballtraining beginnt beispielsweise um 17 Uhr. Das ist jetzt schon immer sehr knapp. Wenn die Schule noch später enden würde, könnte ich das Fußballspielen im Verein vergessen. Das würde mich nicht motivieren, sondern vielmehr demotivieren, denn ich freue mich jeden Tag auf das Training. Daher bin ich insgesamt gegen einen späteren Unterrichtsbeginn. *(665 Wörter)*

## Punkteverteilung

<table>
<tr><th colspan="8">Zentrale Prüfung 2018</th></tr>
<tr><th colspan="4">1. Prüfungsteil</th><th colspan="5">2. Prüfungsteil</th></tr>
<tr><td>Aufgabe 1</td><td>1</td><td>Aufgabe 7</td><td>1</td><td colspan="4">Inhaltliche Leistung</td><td>Darstellungsleistung</td></tr>
<tr><td>Aufgabe 2</td><td>1</td><td>Aufgabe 8</td><td>1</td><td colspan="2">Wahlthema 1</td><td colspan="2">Wahlthema 2</td><td>Wahlthema 1 und 2</td></tr>
<tr><td>Aufgabe 3</td><td>1</td><td>Aufgabe 9</td><td>1</td><td>Aufgabe 1</td><td>4</td><td>Aufgabe 1</td><td>2</td><td></td></tr>
<tr><td>Aufgabe 4</td><td>1</td><td>Aufgabe 10</td><td>1</td><td>Aufgabe 2</td><td>5</td><td>Aufgabe 2</td><td>5</td><td></td></tr>
<tr><td>Aufgabe 5</td><td>1</td><td>Aufgabe 11</td><td>1</td><td>Aufgabe 3</td><td>4</td><td>Aufgabe 3a</td><td>7</td><td></td></tr>
<tr><td>Aufgabe 6</td><td>1</td><td>Aufgabe 12</td><td>2</td><td>Aufgabe 4</td><td>5</td><td>Aufgabe 3b</td><td>9</td><td></td></tr>
<tr><td></td><td></td><td></td><td></td><td>Aufgabe 5</td><td>5</td><td>Aufgabe 4</td><td>9</td><td></td></tr>
<tr><td></td><td></td><td></td><td></td><td>Aufgabe 6</td><td>9</td><td></td><td></td><td></td></tr>
<tr><td></td><td></td><td></td><td></td><td colspan="4">32 Punkte</td><td>8 Punkte</td></tr>
<tr><td colspan="4">13 Punkte</td><td colspan="5">40 Punkte</td></tr>
<tr><td colspan="9">53 Punkte</td></tr>
</table>

## Notenverteilung

| Note | Punkte |
|---|---|
| sehr gut | 53–46 |
| gut | 45–39 |
| befriedigend | 38–31 |
| ausreichend | 30–24 |
| mangelhaft | 23–10 |
| ungenügend | 9–0 |

## Erster Prüfungsteil: Leseverstehen

**Hinweis:** *Lies den Text gründlich durch. Bearbeite die Aufgaben dann der Reihe nach. Unterstreiche die Textstellen, die für die Beantwortung der jeweiligen Frage wichtig sind. Beachte:*

1. *Jede Antwort steht im Text.*
2. *Bei den meisten Fragen wird der Abschnitt genannt, in dem du die richtige Antwort findest. Konzentriere dich auf diesen Abschnitt.*
3. *Prüfe bei Multiple-Choice-Aufgaben (Auswahl aus mehreren Lösungsmöglichkeiten) jede einzelne Möglichkeit anhand des Textes. Kreuze die Lösung erst an, wenn du die Textstelle gefunden hast, die deine Antwort belegt.*
4. *Wenn die Arbeitsanweisung lautet „Kreuze* ***die*** *richtige Antwort an.", kann es nur* ***eine*** *richtige Antwort geben. Bei Formulierungen wie „Welche der folgenden* ***Aussagen*** *sind richtig?" sind* ***mehrere*** *Möglichkeiten anzukreuzen.*
5. *Die Informationen aus dem Text werden in der Regel nacheinander abgefragt. Du kannst den Text also von oben nach unten „abarbeiten".*

1. Unter Babysprache versteht man (Abschnitt 1) eine …
   a) ☐ besondere Art und Weise, in der Geschwister miteinander reden.
   b) ☐ Sprache, die nur für die Eltern eines Babys verständlich ist.
   c) ☒ an das Baby gerichtete Sprechweise.
   d) ☐ automatische Redeweise.

   **Hinweis:** *vgl. Z. 7–10*

2. Kommunikation in Babysprache (Abschnitt 1) ist für Säuglinge …
   a) ☐ einschüchternd.
   b) ☐ ermüdend.
   c) ☐ hemmend.
   d) ☒ förderlich.

   **Hinweis:** *vgl. Z. 16–18*

3. Wissenschaftler sind der Meinung, dass Babysprache (Abschnitt 2) …
   a) ☐ eine angenehme Wirkung auf Eltern ausübt.
   b) ☒ für die Sprachentwicklung bedeutend ist.
   c) ☐ immer erlernt werden muss.
   d) ☐ nur manchmal hilfreich ist.

   **Hinweis:** *vgl. Z. 19–24*

4. Ungeklärt ist aber noch (Abschnitt 2), …
   a) [X] aus welchem Grund und wie die Babysprache eigentlich funktioniert.
   b) [ ] ob die Wissenschaftler zum Spracherwerb weiter forschen werden.
   c) [ ] welche Rolle Sprache bei der Entwicklung eines Kindes spielt.
   d) [ ] ob Babysprache in anderen sozialen Bereichen hilfreich ist.

   **Hinweis:** *vgl. Z. 27–29*

5. Überprüft wurde die Wirkung kindgerichteter Sprache auf Babys (Abschnitt 3) …
   a) [ ] mithilfe von Eltern-Kind-Beobachtungen im Sprachlabor.
   b) [ ] mit dem Abspielen von Sprachaufnahmen der Kinder.
   c) [X] mit dem Abspielen unterschiedlicher Aufnahmen.
   d) [ ] mithilfe technisch bearbeiteter Lautsprecher.

   **Hinweis:** *vgl. Z. 39–42*

6. Mütter sprechen mit (Abschnitt 4) …
   a) [ ] Erwachsenen deutlicher als mit ihren Babys.
   b) [ ] den Vätern so deutlich wie mit ihren Babys.
   c) [X] ihren Babys betont langsam und deutlich.
   d) [ ] Babys deutlicher als deren Väter.

   **Hinweis:** *vgl. Z. 51–57*

7. Kleinkinder hören nach dem Ergebnis einer Untersuchung der Brown University aufmerksamer zu, wenn mit ihnen in Babysprache gesprochen wird (vgl. Z. 69–72). Das führt dazu, dass sie schneller einen größeren Wortschatz aufweisen (vgl. Z. 66/67).

8. Laut einem Wissenschaftlerteam der Brown University hören Babys Sprechenden besonders aufmerksam zu (Abschnitte 5 und 6), wenn …
   a) [ ] die Stimmlage hoch ist.
   b) [X] das Sprechtempo gering ist.
   c) [ ] Sätze laut gesprochen werden.
   d) [ ] kurze Sätze gesprochen werden.

   **Hinweis:** *vgl. Z. 76–79*

9. Um die unterschiedlichen Untersuchungsergebnisse zur Babysprache besser vergleichen zu können (Abschnitt 7), …
   - a) ☐ gründet die Stanford University ein neues Sprachlabor.
   - b) ☒ arbeiten Wissenschaftler international zusammen.
   - c) ☐ werden einzelne Ergebnisse nochmals überprüft.
   - d) ☐ werden einzelne Untersuchungen wiederholt.

   **Hinweis:** *vgl. Z. 105–110*

10. Wissenschaftler der Stanford University sind der Auffassung (Abschnitt 7), dass eine bewusst hohe Stimmlage des Sprechenden …
    - a) ☒ die Aufmerksamkeit eines Kleinkindes erhöht.
    - b) ☐ das Verhalten eines Kindes verändern wird.
    - c) ☐ zu widersprüchlichen Ergebnissen führt.
    - d) ☐ günstig für Betonungen von Silben ist.

    **Hinweis:** *vgl. Z. 94–99*

11. Mit der Aussage „Eltern müssen sich sprachlich nicht ‚verbiegen', damit das Kind sprechen lernt" (Zeile 122/123) ist gemeint, dass Eltern …
    - a) ☐ die Sprachförderung eher den Großeltern überlassen sollten.
    - b) ☒ ihr gewohntes Sprechverhalten nicht ändern müssen.
    - c) ☐ ihre Sprechweise nur dem Kind anpassen müssen.
    - d) ☐ die kindgerichtete Sprache verändern müssen.

    **Hinweis:** *vgl. Z. 113–116*

12. Zur Aussage der Schülerin Stellung nehmen, die eigene Meinung begründen und mit Textstellen belegen

    **Hinweis:** *Du kannst die Meinung der Schülerin ablehnen oder ihr zustimmen. Wichtig ist, dass du deine Ansicht begründest. Dazu musst du dich auf den Text beziehen. Du kannst aber auch eigene Gedanken einfließen lassen. Suche im Text zunächst Argumente für deine Position. Unterstreiche sie mit einer bestimmten Farbe und kommentiere sie innerhalb deiner Stellungnahme.*

    *Lösungsvorschlag für Zustimmung:*

    Ich stimme der Schülerin zu. Das Wichtigste ist, dass man überhaupt mit einem Baby spricht. Wie, ist zweitrangig. Im letzten Abschnitt des Textes wird gesagt, dass Kinder durch abwechslungsreiche und unterschiedliche

Einflüsse lernen. Eltern reden anders als Großeltern, Geschwister, Erzieher*innen oder Nachbar*innen. Die Wissenschaftlerin Bettina Braun meint, dass diese vielen verschiedenen Arten der Kommunikation dem „Kind beim Sprechenlernen“ (Z. 113/114) helfen. Kinder lernen das Sprechen also vor allem durch den Alltag. Babysprache ist nicht erforderlich.

*Lösungsvorschlag für Ablehnung:*
Ich bin nicht der Meinung der Schülerin. Es ist sicher nicht egal, wie mit einem Kind gesprochen wird. Im Text heißt es, dass die Wissenschaft eindeutig zu dem Ergebnis gekommen ist, dass „kindgerichtete Sprache“ (Z. 17) für Babys förderlich ist. Forscher*innen der Uni Konstanz haben herausgefunden, dass bei Kleinkindern die Aufmerksamkeit schneller nachlässt, wenn zu ihnen in „Erwachsenensprache“ gesprochen wird. Das belegt doch schon, dass es für die Sprachentwicklung gut ist, wenn langsam und deutlich mit Babys gesprochen wird. Sie erlangen dadurch „einen größeren Wortschatz als Gleichaltrige“ (Z. 66/67), mit denen in normaler Tonlage und Sprache kommuniziert wurde. Diese Ergebnisse überzeugen mich.

## Zweiter Prüfungsteil: Wahlthema 1

***Hinweis:*** *Bei der Analyse (Untersuchung) eines literarischen Textes empfiehlt sich grundsätzlich folgende Vorgehensweise:*

1. *Lies den Text vollständig und gründlich durch.*
2. *Überlege, wovon der Text handelt. Wie lautet das zentrale Thema?*
3. *Lies dir dann die Aufgabenstellungen gründlich durch.*
4. *Der Schreibplan für deine Textanalyse ist dir schon **Schritt für Schritt** vorgegeben. Bearbeite deshalb die Teilaufgaben unbedingt **der Reihe nach**.*
5. ***Unterstreiche** die Textstellen, die für das Lösen der jeweiligen Teilaufgabe wichtig sind, und mache dir am Rand **Notizen**.*
6. *Notiere auf einem gesonderten Blatt **Stichworte** oder kurze Sätze zu den wichtigsten Informationen. So hast du ein grobes Konzept für die Lösung der jeweiligen Aufgabe. Gleichzeitig trainierst du mit dieser Übung zwei Fähigkeiten:*
   - *den Blick für das Wesentliche zu entwickeln und*
   - *Textstellen in **eigenen Worten** wiederzugeben.*
7. *Formuliere aus deinen Stichworten einen **zusammenhängenden Lösungstext**. Achte dabei auf eine saubere äußere Form.*
8. *Wichtig ist, dass du den Text **nicht nacherzählst**, sondern die Informationen findest, die zur jeweiligen Teilaufgabe passen.*
9. *Beachte die Zeitform: Schreibe die Textanalyse im **Präsens**.*
10. *Lies deinen Text nochmals gründlich durch und verbessere Fehler und Formulierungsschwächen.*

*Im Folgenden findest du zunächst stichwortartige Antworten zu jeder einzelnen Teilaufgabe. Im Anschluss daran folgt das vollständige Lösungsbeispiel.*

### Teilaufgabe 1

Einleitung schreiben, darin Textsorte, Titel, Autorin und Erscheinungsjahr benennen sowie Thema formulieren

| | |
|---|---|
| Titel: | Glücksschimmer |
| Autorin: | Angela Gerrits |
| Textsorte: | Roman |
| Erscheinungsjahr: | 2011 |
| Thema: | Treffen eines 16-jährigen Mädchens mit einem Klassenkameraden, in den es verliebt ist; es kommt zu Kommunikationsschwierigkeiten |

### Teilaufgabe 2

Den Text mit eigenen Worten zusammenfassen

- Treffen Ruths mit ihrem Klassenkameraden Moritz in einem Café
- Aufregung und Freude bei dem Mädchen
- Moritz beginnt ein Gespräch über Ruths Fehlen in der Schule
- erste Kommunikationsschwierigkeiten
- Gespräch über die bevorstehende Klassenfahrt; auch hier kein Gesprächsfluss
- Verwirrung bei Ruth, nachdem Moritz nichts mehr bestellen möchte
- plötzlicher Abbruch des Treffens

### Teilaufgabe 3

Darstellen, wie Ruth sich zu Beginn des Treffens fühlt und wie sie Moritz im Café wahrnimmt

Ruths Gefühle zu Beginn:
- Freude (vgl. Z. 1–3, Z. 32–34)
- Aufregung (vgl. Z. 23–25)
- Verlegenheit, Unsicherheit (vgl. Z. 27–31)

Ruths Wahrnehmung:
- Bewunderung der Ruhe, Entschlossenheit und des erwachsenen Auftretens von Moritz (vgl. Z. 8, Z. 40–42, Z. 131–134)

- Unklarheit über seine Reaktionen, Absichten und Gefühle (vgl. Z. 19–21)
- intensiver Blick von Moritz (vgl. Z. 27/28)
- Besorgnis über ihr Fehlen in der Schule (vgl. Z. 45–49)
- Gewissenhaftigkeit (vgl. Z. 52–54)

**Teilaufgabe 4**

Erläutern, wie durch sprachliche Mittel deutlich wird, dass Ruth in Moritz verliebt ist

- Anapher „er" drückt Ruths Fixierung auf Moritz und ihre Verliebtheit/Bewunderung aus (vgl. Z. 1, Z. 7–10, Z. 40–43)
- Aneinanderreihung von kurzen Hauptsätzen (Parataxen) zeigt Ruths Nervosität und ihre Konzentration auf das Wesentliche (vgl. Z. 1, Z. 32/33, Z. 43/44)
- Aufzählung der positiven Eigenschaften und Vergleich mit anderen Jungen betonen Moritz' Vorzüge (vgl. Z. 40–43)
- Metapher verdeutlicht Ruths Aufregung (vgl. Z. 24/25)
- Verben weisen auf Ruths Verlegenheit hin (vgl. Z. 30, Z. 33)

**Teilaufgabe 5**

Untersuchen, wie sich das Gespräch zwischen Ruth und Moritz entwickelt

- knappe Begrüßung durch Moritz
- fehlende Reaktion Ruths aufgrund ihrer Nervosität
- Fragen von Moritz, ausweichende Antworten Ruths
- Versuch, das Gespräch in Gang zu halten, misslingt
- Irritation bei Ruth, da Moritz nichts mehr bestellen will → Störung der Gesprächsatmosphäre
- insgesamt kein Gesprächsfluss und viele Missverständnisse

**Teilaufgabe 6**

Text aus Moritz' Sicht über das Treffen und über Ruths Verhalten verfassen

Mögliche Gedanken:

- Das Treffen ist ordentlich schief gegangen.
- Die Begrüßung war merkwürdig.
- Ruth ist interessant, aber irgendwie auch seltsam.
- Ich würde gerne mehr über sie erfahren.
- Warum war sie heute nicht in der Schule?

- Es ist ärgerlich, dass wir nicht richtig miteinander geredet haben.
- Ich werde jetzt die Initiative ergreifen und sie auf der Klassenfahrt auf ein Eis einladen.
- Ich will wissen, wer Ruth wirklich ist!

**Lösungsbeispiel**

In dem Auszug des Romans „Glücksschimmer“ von Angela Gerrits aus dem Jahr 2011 geht es um das Treffen eines 16-jährigen Mädchens mit einem Klassenkameraden, in den es verliebt ist. Während der Verabredung kommt es jedoch zu Kommunikationsschwierigkeiten, sodass das Treffen abrupt endet.

***Einleitung***
*Textsorte, Titel, Autorin, Erscheinungsjahr, Thema*

Die 16-jährige Ruth trifft sich mit ihrem etwas älteren Klassenkameraden Moritz zum Eisessen. Moritz trinkt bereits einen Espresso, als sie ins Café kommt. Ruth ist sehr aufgeregt und offensichtlich glücklich, dass er zur Verabredung erschienen ist. Nach dem ersten Austausch von Blicken lächeln sich die beiden an. Moritz versucht ein Gespräch über Ruths Fehlen in der Schule am Morgen zu beginnen, doch Ruth ist das unangenehm und sie antwortet nur knapp. Als Moritz daraufhin seinen Espresso austrinkt, befürchtet sie, dass er gehen könnte. Um dies zu verhindern, fragt sie ihn nach seinen Erwartungen an die bevorstehende Klassenfahrt, doch das Gespräch zwischen den beiden kommt nicht in Fahrt. Ruth ist irritiert, dass Moritz es ablehnt, noch etwas zu bestellen, und so kommt es kurz darauf zu einem abrupten, schnellen Ende des Treffens.

***Inhaltszusammenfassung***
*Treffen im Café*
*Ruth ist aufgeregt und glücklich*
*Moritz beginnt ein Gespräch*
*Gespräch kommt nicht in Gang*
*abruptes Ende des Treffens*

Gleich am Anfang der Begegnung werden Ruths Freude und Aufregung sehr deutlich. Sie ist erleichtert, dass Moritz, den sie offenbar sehr mag, tatsächlich zu der Verabredung gekommen ist (vgl. Z. 1–3) und gleichzeitig so aufgeregt, dass „ihr Herz bis in den Hals hinauf“ (Z. 24/25) klopft. Überdies ist sie ein wenig verlegen und unsicher, insbesondere als Moritz sie intensiv ansieht (vgl. Z. 27–31).

***Ruths Gefühle am Anfang des Treffens***
*Freude, Aufregung*
*Verlegenheit, Unsicherheit*

Ruth bewundert Moritz für sein ruhiges und erwachsenes Auftreten und für seine Entschlossenheit (vgl. Z. 8–11,

***Ruths Wahrnehmung von Moritz***

Z. 129–134). Zwar fällt es ihr schwer, sein Verhalten zu deuten und seine Gefühle zu ergründen, doch entgeht ihr nicht, dass Moritz sie aufmerksam ansieht und auch anlächelt (vgl. Z. 27/28 und Z. 10/11). In seiner Frage, wo sie am Morgen in der Schule gewesen sei, glaubt sie „Besorgnis“ (Z. 49) zu erkennen. Gleichzeitig fürchtet sie seine Reaktion, falls sie ihm die Wahrheit erzählt (Z. 52–54: „Er würde sie für leichtfertig halten und sich nie wieder Gedanken über sie machen.“). Daraus kann man schließen, dass Ruth Moritz für einen gewissenhaften Menschen hält.

*Bewunderung für erwachsenes Auftreten*

*Besorgnis um Ruth*

*Gewissenhaftigkeit*

Mehrere sprachliche Mittel verdeutlichen Ruths Verliebtheit. So beginnen gerade am Anfang des Romanauszugs auffallend viele Sätze mit dem Personalpronomen „er“ (vgl. Z. 1, Z. 7–9). Durch die Häufung dieser Anapher wird deutlich, dass Ruth komplett auf Moritz fokussiert ist. Zudem zeigt sich durch den Einsatz dieses sprachlichen Mittels ihre Bewunderung für Moritz. Die Aneinanderreihung von kurzen Hauptsätzen (Parataxen) ist ein Mittel der Verdichtung. Durch diese kurzen Sätze wird Ruths Nervosität deutlich. Außerdem wird so das Wesentliche betont, in diesem Fall die absolute Konzentration des Mädchens auf den Jungen, mit dem es sich verabredet hat. Auch die Aufzählung von Moritz' positiven Eigenschaften und der Vergleich mit anderen Jungen aus ihrer Klasse unterstreichen die Begeisterung, die Ruth offenbar für Moritz empfindet. So beschreibt Ruth ihren Schwarm als „ruhiger, besonnener, erwachsener“ (Z. 42) als andere Jungen. Die Autorin zeigt auch mit einer Metapher Ruths Aufregung und ihre Gefühle für Moritz: „[…] so wie sie jetzt vor ihm zu verbergen versuchte, dass ihr Herz bis in den Hals hinauf klopfte“ (Z. 23–25). Einige Verben zeigen zudem sowohl ihre Verlegenheit (Z. 30: „zupfte verstohlen […]“) als auch ihre Begeisterung (Z. 33: „strahlte“).

***Aufzeigen der Verliebtheit durch sprachliche Mittel***

*Anapher „er“ zeigt Fokussierung auf Moritz*

*Aneinanderreihung von Parataxen verdeutlicht Nervosität*

*Aufzählung von positiven Eigenschaften und Vergleich*

*Metapher zeigt Ruths Aufregung*

*Verben verdeutlichen Verlegenheit*

Das Gespräch zwischen Ruth und Moritz kommt trotz der offensichtlichen gegenseitigen Sympathie nicht in Gang, es scheitert vielmehr. Moritz' Begrüßung fällt knapp aus. Ruth

***Entwicklung des Gesprächs***

antwortet nicht darauf, was vermutlich ihrer Aufregung zuzuschreiben ist. Als sie sich schließlich gegenübersitzen, fragt Moritz, warum Ruth am Morgen nicht in der Schule gewesen sei (vgl. Z. 45–48). Sie will ihm antworten, fürchtet aber gleichzeitig Moritz' Reaktion auf die Wahrheit, daher reagiert sie ausweichend: „Sagen wir […], mir ging's nicht so gut." (Z. 61) Ruth versucht zwar, das Gespräch in Gang zu halten, das gelingt ihr aufgrund der einsilbigen Antworten ihres Gegenübers und aufgrund ihrer eigenen Anspannung allerdings nicht. Nachdem Moritz sagt, dass er nichts mehr bestellen will, ist die Gesprächsatmosphäre schließlich vollends gestört. Ruth ist irritiert und fragt Moritz, ob er schon lange auf sie gewartet habe. Das missversteht Moritz offensichtlich. Er interpretiert die Aussage so, als ob Ruth bereits wieder gehen müsse. Insgesamt ist das Gespräch von Missverständnissen geprägt und es entsteht kein Gesprächsfluss.

*Ruth erwidert Begrüßung nicht*

*ausweichende Antwort Ruths*

*Einsilbigkeit von Moritz*

*Missverständnisse und stockendes Gespräch*

***Text aus Moritz' Sicht***

Na, das ging ja mal ordentlich daneben. Das hatte ich mir irgendwie anders vorgestellt. Dabei hatte ich mich echt auf sie gefreut. Hmm … Schon die Begrüßung war total merkwürdig. Sie hat mich ja eigentlich nicht mal richtig begrüßt, sondern mich nur lange angeschaut, als sie reinkam. Ein bisschen seltsam ist sie schon … aber das macht sie auch irgendwie interessant. Ich würde gerne mehr über sie erfahren. Warum war sie heute nicht in der Schule? Warum hat sie auf meine Frage hin herumgedruckst und so geheimnisvoll getan? Als ob nicht jeder schon mal geschwänzt hätte … Oder steckt was anderes dahinter? Jedenfalls ärgert es mich, dass wir gar nicht richtig miteinander gesprochen haben. Ich hatte das Gefühl, sie war irgendwie distanziert und hatte es dann plötzlich ganz eilig, wieder abzuhauen. Echt schade! Das haben wir total versemmelt! Vielleicht muss ich jetzt die Initiative ergreifen! Und dann lass ich sie nicht gleich wieder abhauen! Ich lade sie einfach auf der Klassenfahrt noch einmal zu einem Eis ein – und ich esse dann auch eins! Ich will wissen, wer Ruth wirklich ist! *(884 Wörter)*

## Zweiter Prüfungsteil: Wahlthema 2

***Hinweis:** In dieser Aufgabe geht es darum, Informationen über ein Thema zu ermitteln, zu vergleichen und schließlich zu bewerten. In der Einleitung benennst du zunächst das **gemeinsame Thema** aller Materialien. Anschließend fasst du M 1a und M 1b zusammen. Achte dabei darauf, die Inhaltszusammenfassungen im Präsens zu schreiben und möglichst eigene Formulierungen zu verwenden. Danach befasst du dich mit den Materialien 2 und 3. Zuerst sollst du die **Aussagen** aus M 2 und M 3 mit **eigenen Worten darstellen**. Danach musst du die beiden unterschiedlichen Positionen, die in den Texten zum Ausdruck kommen, **vergleichen**. Dabei sollst du einen **Bezug zum Text** herstellen. Das gelingt dir z. B., indem du direkte und indirekte Zitate aus dem Text einfügst.*
*In der **letzten Teilaufgabe** sollst du zu einer Äußerung von einer Schülerin **Stellung nehmen**. Hier ist also deine **eigene Meinung** gefragt. Du kannst der Aussage zustimmen oder sie ablehnen. Entscheidend ist, dass du deine Meinung mit **schlüssigen Argumenten** begründest und dich dabei auch auf die **Materialien** beziehst.*
*Im Folgenden findest du zunächst stichwortartige Antworten zu jeder Teilaufgabe. Im Anschluss folgt das vollständige Lösungsbeispiel.*

### Teilaufgabe 1

Gemeinsames Thema der Materialien M 1 bis M 3 benennen

- Bedeutung der Handschrift im Zeitalter der Digitalisierung
- Zukunft der Handschrift: Soll sie in der Schule noch gelehrt werden?

### Teilaufgabe 2

Informationen aus M 1a und M 1b zusammenfassen

Stichwortartige Antworten zu M 1a:

- kulturelle Bedeutung der Handschrift für die Entwicklung der Menschheit
- Schrift als Instrument zum Bewahren und Weitergeben von Wissen
- früher: Notizen auf Steintafeln, Papier
- heute: Speicherung von Daten im Smartphone

Stichwortartige Antworten zu M 1b:

- Umfrage: Über 40% der befragten Deutschen halten die Fähigkeit, flüssig tippen zu können, für wichtiger, als mit der Hand schreiben zu können.
- Änderung des Lehrplans in Finnland: Unterricht im Tastaturschreiben anstatt im Erlernen der Handschrift
- zunehmende Verbreitung digitaler Medien an europäischen Schulen

**Teilaufgabe 3**

– Aussagen aus M 2 und M 3 mit eigenen Worten darstellen

Stichwortartige Antworten zu M 2:

- Finnland streicht Schreibschrift aus dem Lehrplan; Kinder lernen nur noch einfache Druckschrift
- Verbesserung des schnellen und fehlerfreien Schreibens auf der Computertastatur steht im Vordergrund
- Schulen bleibt freigestellt, Schreibschrift dennoch zu lehren
- kaum noch Bedarf für handschriftliche Notizen, aufgrund der vielen digitalen Möglichkeiten

Stichwortartige Antworten zu M 3:

- nach wie vor große Bedeutung der Handschrift im Alltag
- Entwicklungen in Finnland wecken Befürchtung, dass Handschrift verdrängt wird
- wissenschaftliche Erkenntnisse zeigen, dass Schreiben mit der Hand die Entwicklung des Gehirns fördert
- Handschrift verbessert im Vergleich zum digitalen Mediengebrauch die Erinnerungsleistung in Bezug auf das Geschriebene

– Vergleich der unterschiedlichen Positionen aus M 2 und M 3 im Hinblick auf die Möglichkeiten und Grenzen des Schreibens mit der Hand und des Schreibens auf der Computer-Tastatur

- Konzentration auf Tastaturschreiben wichtig; Erhalt der Schreibschrift lediglich als freiwilliges Angebot (vgl. M 2)
  *versus* große Bedeutung der Handschrift für Entwicklung des Gehirns (vgl. M 3)
- fehlender Alltagsbezug und fehlende Notwendigkeit der Handschrift angesichts digitaler Möglichkeiten (vgl. M 2)
  *versus* Unverzichtbarkeit der Handschrift im Alltag (vgl. M 3)
- Konzentration auf Inhalt statt auf Form (vgl. M 2)
  *versus* Handschrift verleiht persönliche Note (vgl. M 3)

### Teilaufgabe 4

Kritisch mit der Aussage einer Schülerin auseinandersetzen

Mögliche Aspekte:
- Position: Erlernen beider Techniken ist zunächst erforderlich; später sollten Schüler*innen dann frei wählen können
- Handschrift als Grundlage notwendig
- aber auch Schreiben auf der Tastatur muss in der Schule früher gelehrt werden, da es sich dabei um eine wichtige Kompetenz handelt
- wenn Schüler*innen beide Techniken beherrschen, sollten sie wählen können, welche sie in der Schule anwenden wollen

### Lösungsbeispiel

*Gemeinsames Thema*

In den Materialien M 1 bis M 3 geht es um die Bedeutung der Handschrift im Zeitalter der Digitalisierung und darum, ob das Erlernen der Handschrift in der Schule noch zeitgemäß ist.

***Inhaltszusammenfassung M1a***

*Weitergeben von Wissen mithilfe von Schrift*

Lara Malberger weist in M 1a auf die kulturelle Bedeutung der Handschrift hin. Schrift wurde seit jeher als Instrument zum Bewahren und Weitergeben von Wissen genutzt. Das Medium für diese Weitergabe von Wissen verändert sich jedoch derzeit durch die Vielzahl an neuen technischen Möglichkeiten. Wurde früher auf Steintafeln und Papier geschrieben, werden Informationen heute hauptsächlich digital gespeichert. Die Handschrift kommt dabei immer seltener zum Einsatz.

*zunehmend digitale Speichermedien*

***Inhaltszusammenfassung M1b***

*Tastaturschreiben laut Umfrage wichtiger als Handschrift*

In M 1b wird das Ergebnis einer Umfrage vorgestellt, laut der 40 Prozent der befragten Deutschen der Meinung sind, dass die Beherrschung des Tastaturschreibens wichtiger sei als eine flüssige Handschrift. Finnland hat sich auf diese veränderte Bedeutung der Handschrift bereits eingestellt und will zukünftig in der Schule hauptsächlich das Tastaturschreiben unterrichten. Insgesamt gewinnen digitale Medien an europäischen Schulen immer mehr an Bedeutung.

*mehr digitale Medien an Schulen*

***Hauptaussage von M2***

*Finnland: keine Schreibschrift mehr*

Der neue finnische Lehrplan wird auch in M 2 thematisiert. Darin heißt es, dass die Kinder in Finnland in der Schule nur noch eine einfache Druckschrift lernen sollen und Schreibschrift nicht mehr unterrichtet wird. In der Unterrichtszeit, die dadurch zur Verfügung steht, solle stattdessen das schnelle und fehlerfreie Schreiben auf der Computertastatur geübt werden, da das inzwischen alltagsnäher sei, so Minna Harmanen vom finnischen Bildungsministerium. Allerdings möchte man das handschriftliche Schreiben in Finnland nicht komplett verbieten. Den Schulen soll es freigestellt bleiben, weiterhin Schreibschrift zu unterrichten. Laut Harmanen besteht angesichts der vorhandenen digitalen Möglichkeiten jedoch kaum noch eine Notwendigkeit für handschriftliche Notizen.

*Fokus auf Tastaturschreiben*

Aus einer anderen Perspektive blickt Christoph Arens in M 3 auf die Bedeutung der Handschrift. Zunächst weist er darauf hin, dass die Handschrift weiterhin eine große Bedeutung im Alltag hat, etwa beim Schreiben von Einkaufszetteln oder persönlichen Briefen. Die Entwicklungen in Finnland wecken laut M 3 bei Bildungsforscher*innen die Befürchtung, dass die Handschrift komplett verdrängt werden könnte. Dabei sind die Wissenschaftler*innen sicher, dass sie unverzichtbar ist. Und dies nicht nur, weil es sich dabei um eine alte Kulturtechnik handelt, sondern vor allem, weil das Schreiben mit der Hand die Entwicklung des Gehirns fördert und zu einer besseren Erinnerungsleistung führt als das Tippen auf der Tastatur. Die Handschrift verbessere daher sogar die Bildungschancen, meinen die Expert*innen.

***Hauptaussage von M 3***

*weiterhin große Bedeutung der Handschrift*

*Handschrift fördert Entwicklung des Gehirns*

M 2 und M 3 zeigen die Möglichkeiten und die Grenzen des Schreibens mit der Tastatur bzw. der Handschrift auf. In den Texten wird die Bedeutung der verschiedenen Schreibformen allerdings unterschiedlich bewertet.

***Vergleich***

Text M 2 erweckt insgesamt den Eindruck, dass das Tastaturschreiben in der heutigen Zeit von größerer Bedeutung ist als die Handschrift. Daher wollen sich finnische Schulen künftig auch auf das Tastaturschreiben konzentrieren. Dagegen steht die Ansicht der Bildungsforscher*innen, die in M 3 zitiert werden. Sie sagen, dass „das Schreiben mit der Hand die Entwicklung des Gehirns fördert" (M 3, Z. 12/13)

*M 2: Tastaturschreiben von größerer Bedeutung*

*M 3: Handschrift sollte weiterhin unterrichtet werden*

und deshalb weiterhin unterrichtet werden sollte. Christoph Arens führt in M 3 zudem zahlreiche Beispiele auf, die zeigen, dass die Handschrift auch heute noch von Bedeutung ist und nach wie vor im Alltag gebraucht wird. Das liegt nicht zuletzt daran, dass sie dem Geschriebenen eine persönliche Note verleiht. Ganz anders sehen das die Fachleute in M 2. Hier heißt es, dass die Handschrift nur noch wenig Bezug zum Alltag von Schüler*innen hat (vgl. M 2, Z. 10/11) und auch aufgrund der zahlreichen technischen Alternativen kaum noch notwendig ist. Es sei sinnvoller, sich auf den Inhalt des Geschriebenen zu konzentrieren als auf die Form, so eine Professorin der Universität Uppsala.

*M 3: Handschrift verleiht persönliche Note*

*M 2: zahlreiche technische Alternativen zur Handschrift*

*M 2: Konzentration auf Inhalt wichtig*

***Stellungnahme***

Ich stimme der Schülerin nur bedingt zu. Ihren Gedanken, dass man es sich aussuchen können sollte, ob man in der Schule auf der Tastatur oder mit einem Stift schreibt, halte ich im Prinzip für richtig und lebensnah. Die Handschrift ist meiner Meinung nach allerdings die Grundlage für jegliche schriftliche Arbeit. Ich bin daher der Meinung, dass alle Schüler*innen die Schreibschrift in der Schule lernen sollten. Sie aus dem Lehrplan zu streichen oder es den Schulen freizustellen, ob sie sie vermitteln wollen, wie es Finnland vorhat, halte ich für den falschen Weg. Gleichzeitig bin ich der Meinung, dass das Tippen auf der Computertastatur in der Schule früher gelehrt werden sollte. Zum einen entspricht dies dem Lebensalltag: Auch Grundschulkinder bedienen heutzutage bereits Displays und Computer. Zum anderen ist das sichere Schreiben auf der Tastatur eine wichtige Kompetenz für Schule und Beruf. Ich bin der Meinung, dass Schüler*innen sowohl die Schreibschrift als auch das Tastaturschreiben lernen sollten. Sobald sie beides sicher beherrschen, können sie sich dann in späteren Schuljahren für eine der beiden Techniken entscheiden.

*Handschrift als Grundlage wichtig*

*Handschrift aus Lehrplan zu streichen ist falsch*

*Aber: früheres Erlernen des Tippens*

*Lernen beider Techniken; später freie Entscheidung möglich*

*(752 Wörter)*

## Punkteverteilung

| Zentrale Prüfung 2019 | | | | | | | | |
|---|---|---|---|---|---|---|---|---|
| 1. Prüfungsteil | | | | 2. Prüfungsteil | | | | |
| Aufgabe 1 | 1 | Aufgabe 7 | 1 | Inhaltliche Leistung | | | | Darstellungsleistung |
| Aufgabe 2 | 1 | Aufgabe 8 | 1 | Wahlthema 1 | | Wahlthema 2 | | Wahlthema 1 und 2 |
| Aufgabe 3 | 1 | Aufgabe 9 | 1 | Aufgabe 1 | 4 | Aufgabe 1 | 2 | |
| Aufgabe 4 | 1 | Aufgabe 10 | 1 | Aufgabe 2 | 5 | Aufgabe 2 | 5 | |
| Aufgabe 5 | 1 | Aufgabe 11 | 1 | Aufgabe 3 | 5 | Aufgabe 3 a | 7 | |
| Aufgabe 6 | 1 | Aufgabe 12 | 2 | Aufgabe 4 | 5 | Aufgabe 3 b | 9 | |
| | | | | Aufgabe 5 | 4 | Aufgabe 4 | 9 | |
| | | | | Aufgabe 6 | 9 | | | |
| | | | | 32 Punkte | | | | 8 Punkte |
| 13 Punkte | | | | 40 Punkte | | | | |
| 53 Punkte | | | | | | | | |

## Notenverteilung

| Note | Punkte |
|---|---|
| sehr gut | 53–46 |
| gut | 45–39 |
| befriedigend | 38–31 |
| ausreichend | 30–24 |
| mangelhaft | 23–10 |
| ungenügend | 9–0 |

## Erster Prüfungsteil: Leseverstehen

**Hinweis:** *Lies den Text gründlich durch. Bearbeite die Aufgaben dann der Reihe nach. Unterstreiche die Textstellen, die für die Beantwortung der jeweiligen Frage wichtig sind. Beachte:*

1. *Jede Antwort steht im Text.*
2. *Bei den meisten Fragen wird der Abschnitt genannt, in dem du die richtige Antwort findest. Konzentriere dich auf diesen Abschnitt.*
3. *Prüfe bei Multiple-Choice-Aufgaben (Auswahl aus mehreren Lösungsmöglichkeiten) jede einzelne Möglichkeit anhand des Textes. Kreuze die Lösung erst an, wenn du die Textstelle gefunden hast, die deine Antwort belegt.*
4. *Wenn die Arbeitsanweisung lautet „Kreuze* ***die*** *richtige Antwort an.", kann es nur* ***eine*** *richtige Antwort geben. Bei Formulierungen wie „Welche der folgenden* ***Aussagen*** *sind richtig?" sind* ***mehrere*** *Möglichkeiten anzukreuzen.*
5. *Die Informationen aus dem Text werden in der Regel nacheinander abgefragt. Du kannst den Text also von oben nach unten „abarbeiten".*

1. Der Autor stellt fest, dass (Abschnitt 1) …
   - a) ☐ heute alle Deutschen genau einen Mobilfunkanschluss haben.
   - b) ☐ sich früher nur wenige Bundesbürger ein Handy leisten konnten.
   - c) ☒ heute deutschlandweit etwa 130 Millionen Handys in Gebrauch sind.
   - d) ☐ es früher deutschlandweit mehr Mobilfunkverträge als Handybesitzer gab.

   **Hinweis:** *vgl. Z. 6–10*

2. Andreas Dierkes möchte erreichen (Abschnitt 2), dass …
   - a) ☐ alte Handys viel länger genutzt werden.
   - b) ☒ Entsorgungspunkte mehr genutzt werden.
   - c) ☐ Deutschland ein rohstoffreiches Land wird.
   - d) ☐ eine Handy-Recyclingpflicht eingeführt wird.

   **Hinweis:** *vgl. Z. 24–28*

3. Dierkes argumentiert damit, dass Deutschland ein rohstoffarmes Land ist. In den Handys steckten viele Rohstoffe wie „Gold und Silber sowie andere Wertstoffe" (Z. 33 f.). Alte Mobiltelefone könnten daher ein Rohstofflieferant für Deutschland sein.

   **Hinweis:** *vgl. Z. 27–35*

4.

| Schritte | Reihenfolge: 1, 2, 3, 4 |
|---|---|
| a) Aussortieren aus anderen Kleingeräten | **2** |
| b) Trennung von Schrott und wertvollen Metallen | **4** |
| c) Weitergabe an Spezialfirmen | **3** |
| d) Abgabe an einer Entsorgungsstation | **1** |

5. Alte Handys, die nach Afrika gelangen, werden laut Dierkes dort (Abschnitt 4), …

a) ☒ ohne Rücksicht auf die Umwelt in Einzelteile zerlegt.
b) ☐ ohne Rücksicht auf die Brandschutzregeln entsorgt.
c) ☐ auf zertifiziertem Wege umweltgerecht entsorgt.
d) ☐ auf bestimmte giftige Bestandteile hin geprüft.

**Hinweis:** *vgl. Z. 60–62*

6. Der Umweltexperte Kai Kallweit erklärt (Abschnitt 5), dass …

a) ☐ Smartphone-Besitzer meist älter als 14 Jahre alt sind.
b) ☐ aktuelle Smartphones eine längere Lebenszeit haben.
c) ☐ Smartphones aus emotionalen Gründen gekauft werden.
d) ☒ Smartphone-Nutzer immer schneller neue Handys kaufen.

**Hinweis:** *vgl. Z. 67–71*

7. Der Autor rät dazu, alte Handys in Fachgeschäften oder Wertstoffboxen abzugeben. Auch Sammelaktionen in wohltätigen Einrichtungen oder in Schulklassen sowie Handy-Shops böten Möglichkeiten, die alten Mobiltelefone zu entsorgen.

**Hinweis:** *vgl. Z. 85–87, Z. 90–95*

8. Wenn ein altes Handy in einem Handy-Shop abgegeben wird (Abschnitt 7), …
   a) ☐ wird es dort auf die Werkseinstellungen zurückgesetzt.
   b) ☐ sollte dort dafür ein neues Smartphone gekauft werden.
   c) ☒ wird dieses an einen Mobilfunkanbieter weitergeleitet.
   d) ☐ sind im Durchschnitt zwei Kunden daran interessiert.

   **Hinweis:** *vgl. Z. 97–98*

9. An neuen Automaten in den USA können Besitzer alter Handys diese (Abschnitt 8) …
   a) ☐ verkaufen oder spenden.
   b) ☐ versteigern oder tauschen.
   c) ☐ updaten lassen und verkaufen.
   d) ☒ bewerten lassen und verkaufen.

   **Hinweis:** *vgl. Z. 115–118*

10. Im ersten Abschnitt des Textes heißt es, dass viele Mobiltelefone „auf Dachböden, in Kellern oder in der hintersten Ecke der Schreibtischschublade“ (Z. 11–13) schlummern. In Abschnitt 5 steht, dass „80 Prozent der Bundesbürger ab 14 Jahren mindestens ein unbenutztes Handy zu Hause“ (Z. 73–75) haben. Viele Handynutzer*innen bauen ein „‚emotionales Verhältnis zu ihrem Mobiltelefon‘“ (Z. 79 f.) auf und möchten es deshalb behalten. Diese Informationen gibt der linke Teil des Schaubilds wieder. Der rechte Teil bezieht sich auf die Empfehlung aus Abschnitt 2, alte Mobiltelefone an einem Entsorgungspunkt abzugeben (vgl. z. B. Z. 24–27). Handybesitzer*innen stehen also vor der Entscheidung, welchen der beiden Wege sie einschlagen möchten.

    **Hinweis:** *vgl. Z. 10–13, 24–27, 72–82*

11. Zur Aussage des Schülers Stellung nehmen, die eigene Meinung begründen und mit Textstellen belegen

    **Hinweis:** *Du kannst die Meinung des Schülers ablehnen oder ihr zustimmen. Wichtig ist, dass du deine Ansicht sicher begründest. Dazu musst du dich auf mehrere Textstellen beziehen. Du solltest aber auch eigene Gedanken einfließen lassen. Ein Tipp: Bevor du schreibst, suche im Text zunächst Argumente für deine Position. Unterstreiche sie mit einer bestimmten Farbe. Die Textstellen kannst du innerhalb deiner Stellungnahme kommentieren.*

*Lösungsvorschlag für Zustimmung:*
Ich stimme der Meinung des Schülers zu. Das Beispiel Amerika zeigt, dass Recyclingautomaten der richtige Weg sind, um möglichst viele alte Handys umweltgerecht zu entsorgen. Die Automaten sehen nicht nur aus wie Geldautomaten, die Menschen erhalten dort auch tatsächlich Geld für ihre Mobiltelefone. Sie müssen die Geräte in einen Eingebeschacht werfen, dann wird der Wert ermittelt und der Betrag ausgezahlt (Z. 111–118).
In Deutschland wissen viele Leute nicht, was sie mit ihrem alten Handy machen sollen. 130 Millionen Mobiltelefone liegen ungenutzt herum (vgl. Z. 10–13). Einige Besitzer*innen verbinden Erinnerungen mit ihrem Handy und möchten es deshalb behalten. Möglicherweise wissen sie aber auch gar nicht, wie sie es loswerden können. Dass die Geräte nicht in den Hausmüll gehören, ist den meisten noch bekannt (vgl. Z. 87–90). Die Möglichkeit, das Handy in Shops oder Fachgeschäften zurückzugeben, kennen aber nur wenige. Der Mitarbeiter eines Handy-Shops schätzt die Anzahl der wöchentlich abgegebenen Mobiltelefone auf „weniger als zwei" (Z. 102). Auch der Standort des nächsten Wertstoffhofes oder Entsorgungspunktes ist nicht immer klar oder leicht erreichbar. Hinzu kommt auch noch die Bequemlichkeit. Der Standort eines Automaten, der Geld für das alte Handy auszahlt, wird sich schnell herumsprechen. Zumindest einen kleinen Geldbetrag für ein altes Telefon zu bekommen, kann motivierend sein. Außerdem würde man nicht nur etwas für den eigenen Geldbeutel, sondern auch für die Umwelt tun. Ein gutes Gewissen gibt es also gratis dazu.

*Lösungsvorschlag für Ablehnung:*
Ich bin nicht der Meinung des Schülers. Ein Automat, an dem man Geld für ein altes Handy bekommt, sieht wie eine bequeme Lösung aus. Ob sie auch umweltgerecht ist, ist die andere Frage. Denn niemand weiß, was mit dem Handy passiert, wenn man es in den Automaten wirft. Bei Wertstoffhöfen oder Entsorgungspunkten weiß man dagegen genau, wie das Handy entsorgt wird. In Abschnitt 3 wird ausführlich beschrieben, wie die Entsorgung abläuft: Die Handys gehen an „Spezialfirmen, die den Rückbau der Geräte vornehmen und fein säuberlich Schrott von wertvollem Restmaterial trennen" (Z. 46–49). Der Mitarbeiter des Entsorgungspunktes Gütersloh versichert, dass diese Mülltrennung „‚zertifizierte Wege'" (Z. 56 f.) einhält und damit umweltgerecht abläuft. Daher sollten wir die

bestehenden und sicheren Möglichkeiten nutzen, um Handys zu recyceln. Was ohne diese Kontrolle passiert, wird im Abschnitt 4 beschrieben: In Afrika müssen Menschen die Geräte „unter erbärmlichen […] und […] keineswegs umweltfreundlichen Bedingungen“ (Z. 58–61) auseinandernehmen. Zu diesen Geräten könnten auch die gehören, die in den Schächten der amerikanischen Automaten landen. Denn wie ihre Weiterverarbeitung läuft, ist nicht bekannt.

## Zweiter Prüfungsteil: Wahlthema 1

***Hinweis:*** *Bei der Analyse (Untersuchung) eines literarischen Textes empfiehlt sich grundsätzlich folgende Vorgehensweise:*

1. *Lies den Text vollständig und gründlich durch.*
2. *Überlege, wovon der Text handelt. Wie lautet das zentrale Thema? Markiere auffällige Textstellen.*
3. *Lies dir dann die Aufgabenstellungen gründlich durch. Am besten nummerierst du die* ***einzelnen Teilaufgaben*** *auf dem Aufgabenblatt, damit du beim Schreiben später nichts vergisst.*
4. *Der Schreibplan für deine Textanalyse ist dir schon* ***Schritt für Schritt*** *vorgegeben. Bearbeite deshalb die Teilaufgaben unbedingt* ***der Reihe nach****.*
5. *Beginne mit der ersten Teilaufgabe.* ***Unterstreiche*** *die Textstellen, die für die Antwort wichtig sind, und mache dir am Rand* ***Notizen****.*
6. *Notiere auf einem gesonderten Blatt* ***Stichworte*** *oder kurze Sätze zu den wichtigsten Informationen. So hast du ein grobes Konzept für die Lösung der jeweiligen Aufgabe. Gleichzeitig trainierst du mit dieser ständigen Übung zwei Fähigkeiten:*
   - *den Blick für das Wesentliche zu entwickeln,*
   - *Textstellen in* ***eigenen Worten*** *wiederzugeben.*
7. *Formuliere aus deinen Stichworten einen* ***zusammenhängenden Lösungstext****. Achte dabei auf eine saubere äußere Form.*
8. *Wichtig ist, dass du den Text* ***nicht nacherzählst****, sondern die Informationen findest, die zur jeweiligen Antwort passen.*
9. *Beachte die Zeitform: Schreibe die Textanalyse im* ***Präsens****!*
10. *Lies deinen Text nochmals gründlich durch und verbessere Fehler und Formulierungsschwächen.*

*Im Folgenden findest du zunächst stichwortartige Antworten zu jeder einzelnen Teilaufgabe. Im Anschluss daran folgt das vollständige Lösungsbeispiel.*

### Teilaufgabe 1

Einleitung schreiben, darin Textsorte, Titel, Autorin und Erscheinungsjahr benennen sowie Thema formulieren

| | |
|---|---|
| Titel: | Den Mund voll ungesagter Dinge |
| Autorin: | Anne Freytag |
| Textsorte: | Roman |
| Erscheinungsjahr: | 2017 |
| Thema: | Gefühle einer 17-Jährigen, die mit ihrem Vater von Hamburg zu dessen Freundin nach München zieht |

### Teilaufgabe 2

Beachte die wichtigsten Regeln für eine Inhaltsangabe:

- im Präsens schreiben
- keine wörtliche Rede
- keine eigene Meinung
- auf das Wichtigste konzentrieren
- eigene Worte wählen, nichts abschreiben

Den Text mit eigenen Worten zusammenfassen

- unfreiwilliger Umzug der Hauptfigur Sophie von Hamburg nach München zur neuen Lebenspartnerin ihres Vaters
- Schilderung der Gefühle Sophies beim Abschied von ihrem alten Zuhause
- Autofahrt mit dem Vater und Pause an einer Tankstelle
- Unterhaltung über die gemeinsame Zukunft in München
- keine Reaktion des Vaters auf Schweigen, Kritik und bissige Kommentare der Tochter, keine Wahrnehmung ihrer Gefühle

### Teilaufgabe 3

Darstellen, wie Sophie sich bei der Abfahrt ihrem Vater gegenüber verhält

- kaum Äußerungen zu ihren Wünschen, Gedanken und Gefühlen beim Verlassen des Hauses aus Rücksicht auf ihren Vater
- langsames Kopfnicken, Schweigen oder kurze Antworten auf die Fragen des Vaters
- spöttische Bemerkungen und versteckte Kritik

***Hinweis:*** *vgl. Z. 22–25, Z. 45–47, Z. 57–59, Z. 82 f., Z. 108–115*

### Teilaufgabe 4

Untersuchen, wie durch sprachliche Mittel deutlich wird, wie unglücklich Sophie über den Abschied von ihrem Zuhause ist

- Personifikation der Baumallee als „Skelette“ (Z. 36), die „Spalier“ (Z. 35 f.) stehen, um die Bedeutung des Abschieds von der vertrauten Umgebung zu beschreiben
- Wiederholung bestimmter Begriffe, die damit besonders betont werden: „Ende“ (Z. 4 und 5) und „Schnitt“ (Z. 54 und 55)

Diese beiden Ausdrücke zeigen, wie frustriert und hoffnungslos sich Sophie fühlt. Sie stehen für einen endgültigen Abschied und sind entscheidend, um den Text zu verstehen.

- kurze, knappe Antworten, die Anspannung ausdrücken (vgl. Z. 45 f.)
- Wiederholung am Satzende: „vermissen" (Z. 37–39)
- gegensätzliches Begriffspaar: „lautes Schweigen" (Z. 48 f.) als Ausdruck der ausweichenden Reaktion des Vaters

**Teilaufgabe 5**

Erläutern, wie der Vater an der Tankstelle versucht, die Situation zu entspannen, und wie Sophie darauf reagiert

Vater:

- versucht, den Umzug wie eine Urlaubsreise aussehen zu lassen (vgl. Z. 76)
- bringt Kekse und Butterstücke mit, die Sophie besonders gern mag (vgl. Z. 70–77)
- spricht Sophie mit ihrem Kosenamen (Motte) an (vgl. Z. 14/71/88)
- macht eine aufmunternde Miene (Zuzwinkern) (vgl. Z. 79 f.)
- bemerkt, dass seine Lebensgefährtin sich auf Sophie freut (vgl. Z. 80 f.)
- äußert sich positiv über die neue Stadt (vgl. Z. 84–86)
- macht Vorschläge für nahe gelegene Urlaubsziele (vgl. Z. 102–104)

Sophie:

- freut sich über das mitgebrachte Lieblingsessen (vgl. Z. 72)
- gibt kurze, teilweise spöttische Antworten (vgl. Z. 45 f., Z. 82 f.)
- verschweigt ihre wahren Gedanken zur Lebenspartnerin des Vaters und seinen Plänen (vgl. Z. 108–112)
- stimmt den Plänen des Vaters am Ende zu (vgl. Z. 112–115)
- ist hin- und hergerissen (vgl. Z. 57 f., Z. 108–112)

**Teilaufgabe 6**

Kritisch mit der Aussage einer Schülerin auseinandersetzen

So gehst du vor:

- eine eigene Position festlegen (Zustimmung, Ablehnung, Abwägung)
- Gründe für die eigene Position anführen
- die eigene Meinung am Text belegen

Die Zustimmung zur Aussage einer Schülerin begründen:

- Sophie leidet darunter, dass sie ihre Gefühle unterdrückt.
- Wenn Sophie ehrlich wäre, könnte ihr Vater die Situation besser einschätzen und die Vater-Tochter-Beziehung bekäme eine stabilere Grundlage.
- Sophies Unehrlichkeit ermöglicht dem Vater, die Probleme seiner Tochter auszublenden und sich selbst zu beruhigen. Das könnte langfristig zu einer Verschlechterung der Beziehung zwischen den beiden führen.

Die Ablehnung zur Aussage einer Schülerin begründen:

- Sophie hat den richtigen Zeitpunkt für eine ehrliche Aussprache mit ihrem Vater verpasst. Bei dem Umzug ist es dafür bereits zu spät.
- Ehrlichkeit zu einem Zeitpunkt, zu dem nichts mehr rückgängig gemacht werden kann, könnte das Zusammenleben im neuen Zuhause erschweren.

**Lösungsbeispiel**

***Einleitung***

*Textsorte, Titel, Autorin, Erscheinungsjahr, Thema*

In dem Auszug des Romans „Den Mund voll ungesagter Dinge“ von Anne Freytag aus dem Jahre 2017 geht es um die Gefühle einer 17-Jährigen, die ihre Heimatstadt verlässt und mit ihrem Vater zu dessen Partnerin zieht.

***Inhaltsangabe***

*Sophies unfreiwilliger Umzug und ihre Gefühle*

Sophie zieht mit ihrem Vater von Hamburg nach München um, wo dessen neue Freundin lebt. Sie verlässt ihre Heimat ungern. Ihrem Vater möchte sie ihre Gefühle aber nicht zeigen. Ein Gespräch zwischen den beiden entwickelt sich während der Autofahrt nach München zunächst nicht. Der Vater scheint zu ahnen, dass es Sophie nicht gut geht, spricht aber nicht darüber.

*Pause an einer Tankstelle und Gespräch über die Zukunft in München*

Mit ihrem Lieblingsessen und der Aussicht auf Urlaubsreisen möchte der Vater Sophie während einer Pause aufmuntern. Er versucht, eine Beziehung zwischen seiner Tochter und seiner Freundin aufzubauen. Sophie interessiert das nicht, sie möchte ihren Vater aber auch nicht verletzen.

***Sophies Verhalten bei der Abfahrt***

Bei der Abfahrt zeigt Sophie ihre Gefühle nicht. Sie ist traurig, dass sie ihr Zuhause verlassen muss. Auf die fröhliche Aufbruchstimmung ihres Vaters reagiert sie mit Schweigen, einem Nicken oder einsilbigen Antworten. Sie beschwert sich aber nicht und weint auch nicht, obwohl sie sehr aufgewühlt ist.

***Sprachliche Mittel***

*Personifikation und Wiederholungen*

Wie unglücklich Sophie über den Umzug ist, wird deutlich, als sie die Bäume an der Straße vor ihrem Haus beschreibt: „Wir fahren die schmale Allee hinunter. Ihre nackten Linden stehen Spalier wie hölzerne Skelette." (Z. 34–39) Die Personifikation der Bäume als „Skelette" (Z. 36) unterstreicht ihre Gefühlslage. Es entsteht damit eine Art Endzeitstimmung, denn Skelette stehen für den Tod. Sophie scheint keine Hoffnung mehr zu haben. Weitere Schlüsselwörter bestätigen ihre Traurigkeit: Mehrfach spricht sie von „Ende" (Z. 4/5) und von einem „Schnitt" (Z. 54/55). Mit der Wiederholung des Wortes „vermissen" (Z. 38/39) am Satzende betont sie den großen Verlust.

*Kurze Antworten und gegensätzliches Begriffspaar*

Sophies kurze, knappe Antworten drücken Anspannung und Hilflosigkeit aus („‚Klar', sage ich ‚alles gut.'", Z. 45/46). Das gegensätzliche Begriffspaar „lautes Schweigen" (Z. 48/49) zeigt, wie sehr der Umzug die Beziehung zwischen Vater und Tochter belastet.

***Verhalten des Vaters und Sophies Reaktion***

Die Lage verbessert sich kaum, obwohl der Vater sich sehr um seine Tochter bemüht und kümmert. Er überrascht sie mit Keksen und versucht, die Abfahrt wie eine Urlaubsreise aussehen zu lassen: „‚Was wäre so eine lange Reise ohne dein Lieblingsessen?'" (Z. 76/77) Zudem spricht er sie mit ihrem Kosenamen „Motte" (Z. 14/71/88) an und zwinkert ihr zu (vgl. Z. 71). Er sagt ihr, dass sich seine Freundin auf sie freut (vgl. Z. 80/81), betont die Ähnlichkeit von München mit Hamburg (vgl. Z. 84–86) und macht Pläne für Urlaubsreisen (vgl. Z. 102–104). Der Vater möchte so Nähe zu seiner Tochter herstellen und die Situation entspannen. Das gelingt ihm offenbar nur teilweise.

Sophie freut sich zwar über die Kekse (vgl. Z. 72), aber damit ist nicht gleich alles in Ordnung für sie. Sie glaubt nicht daran, dass sich die Freundin des Vaters auf sie freut. Das zeigt sie, indem sie sagt: „‚O ja, ich wette, sie freut sich besonders auf mich.'" (Z. 82 f.) Der Vater ignoriert die bissige Bemerkung ebenso wie die versteckte Kritik seiner

Tochter an Bayern. Während er sich bemüht, die Zukunft rosig zu malen und Ausflugsziele vorschlägt, wird Sophie immer schweigsamer. Daraufhin „fleht" (Z. 105) der Vater Sophie fast an, ihm zuzustimmen. Schließlich sagt sie ihm zuliebe: „‚Ja, du hast recht, das wollte ich.'" (Z. 114 f.) Aber ihre wahren Gefühle und Gedanken verschweigt sie.

*(547 Wörter)*

*Lösungsvorschlag für Zustimmung:*

**Beispiel für Zustimmung zur Aussage „Sophie sollte ihrem Vater gegenüber ehrlich sein."**

Ich stimme der Aussage zu, dass Sophie ehrlich sein sollte. Zwar ist es gut gemeint von Sophie, ihrem Vater nicht weh tun zu wollen (vgl. Z. 111/112). Die Frage ist aber, ob es auf Dauer eine gute Lösung für sie ist, ihre wahren Gedanken und Gefühle nicht zu verraten. Das kann dem Verhältnis zu ihrem Vater schaden.
In den Z. 57–59 wird deutlich, wie sehr Sophie unter der Entscheidung ihres Vaters leidet: „Ich will schreien, aber ich verziehe keine Miene. Ich schaue nur reglos aus dem Fenster." Sie unterdrückt ihre Gefühle die ganze Zeit. Der Vater erhält keine ehrliche Antwort auf seine Frage, ob „alles okay" ist (Z. 44). Er weiß nicht, wie er sich verhalten soll und schweigt daher. Die Folge ist ein „lautes Schweigen" (Z. 48 f.), also eine angespannte Stimmung. Hätte Sophie einmal gesagt, wie es ihr wirklich geht, dann wüsste der Vater zumindest, woran er ist. Schließlich führt Sophies unehrliches Verhalten zu der problematischen Situation, dass sich der Vater selbst beruhigen kann. Sophie sollte also ehrlich sein, damit die Beziehung der beiden eine bessere Grundlage bekommt. *(183 Wörter)*

*Lösungsvorschlag für Ablehnung:*

**Beispiel für Ablehnung der Aussage „Sophie sollte ihrem Vater gegenüber ehrlich sein."**

Ich bin nicht der Meinung, dass die Schülerin mit ihrer Aussage recht hat. Ehrlichkeit ist zwar die Grundlage für jede Beziehung. Die Frage ist aber, ob Sophie nicht den richtigen Zeitpunkt verpasst hat. Es geht ihr schlecht mit dem Umzug von Hamburg nach München. Sie vergleicht die Linden in den Alleen mit Skeletten (vgl. Z. 36) und damit mit dem Tod. Sophie fühlt einen so großen Abschiedsschmerz (vgl.

Z. 55–57), dass sie „schreien" will (Z. 58 f.), das aber unterdrückt. Offenbar wird Sophie erst jetzt klar, dass die Entscheidung endgültig ist. Ein solcher Moment kann starke Gefühle auslösen. Allerdings dürfte der Umzug schon seit Langem geplant sein. Sophie hätte mit ihrem Vater viel früher reden müssen. Der Umzug ist dafür sicher nicht der geeignete Zeitpunkt. Wenn Sophie ihre Gefühle jetzt ehrlich zeigen und wütend schreien würde, wäre das bestimmt kein guter Start in der neuen Stadt. Ihr Verhalten könnte dann zu einem Streit mit dem Vater und seiner Lebensgefährtin in München führen. Das Zusammenleben im neuen Zuhause würde so erschwert werden. *(172 Wörter)*

## Zweiter Prüfungsteil: Wahlthema 2

**Hinweis:** *Für das Schreiben eines informierenden Textes empfiehlt sich grundsätzlich folgende Vorgehensweise:*

1. *Lies die Materialien M 1–M 6 vollständig und gründlich durch.*
2. *Zunächst sollst du eine Überschrift finden, die das Thema aller Materialien auf den Punkt bringt. Es ist zu empfehlen, dass du diese Aufgabe erst zum Schluss löst.*
3. *In der zweiten Aufgabe geht es darum, Informationen über ein Thema zu ermitteln, zu vergleichen und zu bewerten. In der Einleitung erklärst du, was ein Computerspiel ist, welche Arten von Spielen es gibt und welche davon hauptsächlich genutzt werden. Suche dazu in allen Materialien nach Anhaltspunkten.*
4. *Anschließend stellst du dar, wie Computerspiele den Erwerb von sogenannten „Basisfähigkeiten" fördern können. Hinweise dazu findest du in den Materialien M 1 b, M 2 und M 3.*
5. *Frage Nummer 4 zielt darauf ab, welchen positiven Einfluss Computerspiele auf das schulische Lernen haben können. Die Antworten darauf findest du in den Materialien M 2, M 3, M 5 und M 6.*
6. *In der letzten Teilaufgabe sollst du eine Beurteilung zu folgender Frage abgeben: Unter welchen Bedingungen kann der Einsatz von Computerspielen im Unterricht sinnvoll sein? Um eine fundierte Beurteilung abzugeben, solltest du dir Argumente aus allen Materialien heraussuchen und auf ein gesondertes Blatt aufschreiben. Diese Vorbereitung empfiehlt sich bei allen Teilaufgaben.*

*Im Folgenden findest du zunächst stichwortartige Antworten zu jeder Teilaufgabe. Im Anschluss folgt dann das vollständige Lösungsbeispiel.*

### Teilaufgabe 1

Eine passende Überschrift formulieren

Griechische Götterwelt und Dampfmaschine – Computerspiele können sehr lehrreich sein

**Hinweis:** *Bearbeite diese Aufgabe zum Schluss.*

### Teilaufgabe 2

Erklären, was ein Computerspiel ist, welche Arten von Spielen es gibt und welche davon überwiegend genutzt werden

- Definition: Softwareprogramm für unterschiedliche Geräte, Steuerung über Interaktion, veränderbare Anzahl der Spieler*innen, folgt bestimmten Regeln (M 1 a), Aspekt der Unterhaltung (M 3), Lerneffekte (M 1 a, M 1 b, M 2, M 3, M 5)
- Möglichkeiten der Einteilung von Spielearten: z. B. Action-, Abenteuer-, Strategie-, Sport- und Lernspiele (M 1 a, M 1 b); Modell der „Landkarte der Bildschirmspiele" (M 3)

- große Beliebtheit von Actionspielen und Strategiespielen, geringere Nutzung von Lernspielen (M 4)

*Hinweis:* *Wichtig ist eine schlüssige, zusammenhängende Darstellung in **eigenen** Worten.*

**Teilaufgabe 3**

Darstellen, wie Computerspiele den Erwerb von allgemein nützlichen Basisfähigkeiten unterstützen können

Schulung von Soft Skills (Fähigkeiten für den Alltag), z. B.:

- Training des Reaktionsvermögens, auch in Stresssituationen (M 1 b, M 3)
- Verbesserung der Konzentrationsfähigkeit (M 3)
- spielerische Anwendung von kreativem und problemlösendem Denken (M 2, M 3)
- Aneignung von vorausschauendem Denken und Planen (M 2, M 3)
- Steigerung von Ausdauer, Ehrgeiz und Geduld (M 1 b, M 3)
- Erwerb kombinatorischer und taktischer Fähigkeiten (M 3)
- Neugierde (M 2)
- Erlernen sozialer und kommunikativer Fähigkeiten (M 2, M 3)
- Interesse für Fremdsprachen (M 2)
- Steigerung des Selbstvertrauens durch Erfolgserlebnisse (M 3)

*Hinweis:* *Die Vielfalt der Lernmöglichkeiten soll herausgearbeitet werden. Auch hier ist eine schlüssige, zusammenhängende Darstellung in **eigenen** Worten wichtig.*

**Teilaufgabe 4**

Erläutern, welchen positiven Einfluss Computerspiele auf das schulische Lernen haben können

- Sprachkenntnisse (M 2)
- Erlernen von Weltwissen (M 2)
- Motivationssteigerung, da Lernen spannender wird (M 3, M 5)
- Vermittlung komplexer Inhalte durch spielerische Elemente („Gamification"), z. B. in den Fächern Deutsch, Geschichte und Naturwissenschaften (M 5, M 6)
- Förderung leistungsschwächerer Schülerinnen und Schüler (M 5)
- Steigerung der Effektivität u. a. durch Spaß an den Spielen (M 3, M 5) – im Gegensatz zu gängigen Vorurteilen (M 2)
- Ermöglichung von Gemeinschaftserlebnissen (M 3)

- größere Motivation und Stärkung des Selbstvertrauens durch Erfolgserlebnisse (M 3)
- schulische Betreuung Voraussetzung für effektives Lernen auch bei Einsatz von Computerspielen (M 5)
- alternative Zugänge zu bestimmten Unterrichtsthemen (M 6)
- unmittelbares Feedback (M 6)

**Hinweis:** *Deutlich werden soll, inwiefern Computerspiele das schulische Lernen positiv beeinflussen können. Entscheidend ist eine nachvollziehbare, zusammenhängende und* ***eigenständig formulierte*** *Darstellung.*

### Teilaufgabe 5

Anhand der Materialien und eigener Überlegungen beurteilen, unter welchen Bedingungen der Einsatz von Computerspielen im Unterricht sinnvoll sein kann

- Einsatz der Computerspiele als Ergänzung zu anderen Lernformen im Unterricht sinnvoll (M 5, M 6)
- planvoller Wechsel mit herkömmlichen Medien (z. B. Schulbüchern) (M 5, M 6)
- Schulbuch soll nicht ersetzt werden (M 6)
- Möglichkeiten des Feedbacks (M 6)
- spezieller Nutzen bei inhaltlichem Unterrichtsbezug (Deutsch, Geschichte, Erdkunde) (M 5, M 6)
- kritische Spieleauswahl muss im Vorfeld gegeben sein
- die Altersfreigaben sollten bei der Auswahl beachtet werden
- große Bandbreite und Eignung der Inhalte für alle Kinder und Jugendlichen
- gezielte Anknüpfung an vorhandenes Wissen, an Kompetenzen, Erfahrungen und Interessen
- Erwartungen an Computerspiele nicht zu hoch schrauben (M 4)
- Computerspiele sind ein Element für den Unterricht, nicht das wichtigste
- Erwerb der Lesekompetenz mit herkömmlichen Medien ist besser für den Verstehensprozess (M 5) und wichtigste Voraussetzung für schulischen Erfolg

**Hinweis:** *Die Beurteilung soll sich auf Informationen aus den Materialien sowie auf eigene Überlegungen stützen. Die Einschätzung soll nachvollziehbar und schlüssig sein. Gehe folgendermaßen vor:*

1. *Mach dir vor der Beurteilung unbedingt Notizen. Auch ein Ideenstern eignet sich, um die Überlegungen zu strukturieren.*

2. *Versuche, dich in die Welt der Computerspiele hineinzudenken. Frage dich selbst, welchen Nutzen sie haben können.*
3. *Nutze die Materialien, um deine Antworten zu untermauern. Suche dir dabei in den Materialien Hinweise, z. B. von Medienforschern, die dir nützen. Baue sie in deinen Text ein.*

**Lösungsbeispiel**

***Überschrift***

**Griechische Götterwelt und Dampfmaschine – Computerspiele können sehr lehrreich sein**

***Einleitung***

*Definition von Computerspielen, Spielearten und deren Beliebtheit*

Computerspiele nehmen im Leben vieler Jugendlicher einen festen Platz ein. Warum ist das so? Wie können sie außerdem sinnvoll in der Schule genutzt werden?

In erster Linie ist ein Computerspiel eine Software. Sie wird auf einer Spielekonsole oder einem PC installiert und durch Interaktionen gesteuert. Die Spiele können sowohl alleine als auch mit mehreren Personen gespielt werden. Alle Computerspiele funktionieren nach Regeln und lassen sich in zwei Gruppen einteilen: Unterhaltung und Lernen. Der Medienforscher Jürgen Fritz hat zur Übersicht eine „Landkarte der Bildschirmspiele" (M 3, Z. 8) entworfen. Danach lässt sich jedes Spiel den „Eckpunkten Denken, Action und Geschichten" (M 3, Z. 9) zuordnen. Action- und Strategiespiele sind dabei beliebter als Lernspiele (M 4).

***Hauptteil***

*Erwerb von Basisfähigkeiten durch Computerspiele*

Die Materialien M 1–M 6 zeigen, dass Computerspiele lehrreich sein können – sowohl generell als auch konkret für die Schule. Sie schulen sogenannte Soft Skills. In M 1 b heißt es: „‚Diese Sinnesschärfung kann den Spielern dieser Actionspiele auch Vorteile im Alltag bieten, da hier nicht spezielle Muster erlernt werden, sondern Basisfähigkeiten trainiert würden.'" (M 1 b, Z. 5–7). Gemeint sind damit: Reaktionsvermögen, Konzentrationsfähigkeit, kreatives und taktisches Denken, Ausdauer, Neugierde, soziale Fähigkeiten und Interesse für Fremdsprachen. Zudem können Computerspiele das Selbstvertrauen stärken.

In M 3 werden die Fähigkeiten genauer erläutert. Als Beispiel werden Jump-and-Run-Spiele genannt. Dabei soll eine Spielfigur Hindernisse und Gefahren überstehen. Beim

Spielen muss man ständig wachsam, konzentriert und reaktionsschnell sein. Kreative Lösungen sind gefragt. Die Medienforschung weist darauf hin, dass „[d]ie meisten Spiele [...] eine hohe Konzentration [erfordern]“ (M 3, Zeile 21 f.). Solche Spiele werden auch in Teams gespielt und schulen dadurch soziale und kommunikative Fähigkeiten.

*Positiver Einfluss von Computerspielen auf das schulische Lernen*

Die Materialien zeigen, dass Computerspiele auch Vorteile für das Lernen in der Schule haben können. In M 2 behauptet der Autor: „‚Alles, was ich weiß, weiß ich aus Computerspielen [...].‘“ (M 2, Z. 1)
Er erklärt, wie er als Grundschulkind mit Computerspielen seine ersten englischen Wörter gelernt hat (vgl. M 2, Z. 7–10). Durch die Spiele kann man also Sprachkenntnisse verbessern. Außerdem hat der Autor mit Spielen Wissen in „Geschichte, Wirtschaft, Erdkunde oder Sozialkunde“ (M 2, Z. 14–15) erworben. Daher weiß er, wann die Dampfmaschine erfunden wurde (vgl. M 2, Z. 12) und wie die griechische Götterwelt aussieht (vgl. M 2, Z. 17). Durch Computerspiele kann also das Allgemeinwissen erweitert werden. Der Autor hat gelernt, neugierig und hartnäckig zu sein und vorausschauend zu planen. Dank der Spiele kann er sich besser auf Herausforderungen einlassen und in andere hineinversetzen (M 2, Z. 20–27).
Der Bildungsforscher Hans Fleisch hat herausgefunden, dass „[d]urch spielerische Elemente [...] das Lernen effektiver“ (M 5, Z. 2–3) wird. Die Gamification (Computerspiele im Unterricht) kann besonders für lernschwächere Schülerinnen und Schüler ein Vorteil sein, da sie ihnen „einen alternativen Einstieg in [das] Thema“ (M 5, Z. 15–16) bietet. Auch der Hirnforscher Martin Korte glaubt an positive Einflüsse der Computerspiele auf das Lernen: Das „spielerische Lernen kombiniere etwas, das die Schüler aus ihrer Freizeit kennen und schätzen, mit Lerninhalten“ (M 5, Z. 21–22) und mache sie so spannender (vgl. M 5, Z. 20). Die Professorin Linda Breitlauch findet, dass Computerspiele öfter im Unterricht genutzt werden sollen (vgl. M 6, Z. 2), weil sie „einen [...] anderen Zugang zu Themen“ (M 6,

Z. 2 f.) und ein unmittelbares Feedback (vgl. M 6, Z. 12 f.) ermöglichen.

*Beurteilung, unter welchen Bedingungen Computerspiele im Schulunterricht sinnvoll sind*

Insgesamt scheint die Forschung darin übereinzustimmen, dass Computerspiele eine sinnvolle Ergänzung für den Unterricht sind. Das Schulbuch sollen sie jedoch nicht ersetzen, sagt Daniel Bialecki, der Geschäftsführer einer Lernplattform. Denn man liest „auf Papier anders" und das ist „oft einfach besser für das Verstehen" (M 5, Z. 18–19). Eine durchdachte Mischung von Gaming-Elementen und klassischen Medien ist daher zu empfehlen.

Kinder mit den Spielen alleine zu lassen und auf einen automatischen Lernerfolg zu hoffen, wäre der falsche Weg (vgl. M 5, Z. 22–24). Die Lehrkräfte müssen die Spiele kritisch aussuchen und dabei auf die Altersgrenzen achten. Schülerinnen und Schüler sollten mit Eltern und Lehrkräften über die Lerninhalte der Spiele sprechen (vgl. M 5, Z. 23–27). Ebenso ist das richtige Maß wichtig. Ein ausschließlicher oder überwiegender Einsatz von Computerspielen würde die Kinder überfordern. Die Computerspiele sollten vielfältig sein und sich für alle Kinder eignen. Zudem sollten sie zum Unterrichtsstoff passen. Werden diese Punkte beachtet, sind langfristige Erfolgserlebnisse möglich (vgl. M 3, Z. 5). Denn Computerspiele knüpfen an Erfahrungen und Interessen der Kinder und Jugendlichen aus ihrer Freizeit an. Spielerisches Lernen könnte zu mehr Spaß, Motivation und Erfolg führen.

***Schluss***

Wunder sollte man vom Einsatz von Computerspielen im Unterricht jedoch nicht erwarten: Das Schaubild M 4 zeigt, dass Lernspiele in der Beliebtheit deutlich hinter Action- und Strategiespielen liegen. Gamification könnte den Unterricht somit ergänzen, ihn aber nicht ersetzen. Lesekompetenz und der Umgang mit Büchern bleibt aus meiner Sicht zentral für nachhaltiges Lernen. *(797 Wörter)*

## Punkteverteilung

| Zentrale Prüfung 2021 | | | | | | | | |
|---|---|---|---|---|---|---|---|---|
| 1. Prüfungsteil | | | | 2. Prüfungsteil | | | | |
| Aufgabe 1 | 1 | Aufgabe 7 | 1 | Inhaltliche Leistung | | | | Darstellungsleistung |
| Aufgabe 2 | 1 | Aufgabe 8 | 1 | Wahlthema 1 | | Wahlthema 2 | | Wahlthema 1 und 2 |
| Aufgabe 3 | 1 | Aufgabe 9 | 1 | Aufgabe 1 | 4 | Aufgabe 1 | 1 | |
| Aufgabe 4 | 1 | Aufgabe 10 | 2 | Aufgabe 2 | 5 | Aufgabe 2 | 6 | |
| Aufgabe 5 | 1 | Aufgabe 11 | 2 | Aufgabe 3 | 4 | Aufgabe 3 | 7 | |
| Aufgabe 6 | 1 | | | Aufgabe 4 | 5 | Aufgabe 4 | 9 | |
| | | | | Aufgabe 5 | 5 | Aufgabe 5 | 9 | |
| | | | | Aufgabe 6 | 9 | | | |
| | | | | 32 Punkte | | | | 8 Punkte |
| 13 Punkte | | | | 40 Punkte | | | | |
| 53 Punkte | | | | | | | | |

## Notenverteilung

| Note | Punkte |
|---|---|
| sehr gut | 53–46 |
| gut | 45–39 |
| befriedigend | 38–31 |
| ausreichend | 30–24 |
| mangelhaft | 23–10 |
| ungenügend | 9–0 |

## Erster Prüfungsteil: Leseverstehen

✎ ***Hinweis:*** *Lies den Text gründlich durch. Bearbeite die Aufgaben dann der Reihe nach. Unterstreiche die Textstellen, die für die Beantwortung der jeweiligen Frage wichtig sind. Beachte:*

1. *Jede Antwort steht im Text.*
2. *Bei den meisten Fragen wird der Abschnitt genannt, in dem du die richtige Antwort findest. Konzentriere dich auf diesen Abschnitt.*
3. *Prüfe bei Multiple-Choice-Aufgaben (Auswahl aus mehreren Lösungsmöglichkeiten) jede einzelne Möglichkeit anhand des Textes. Kreuze die Lösung erst an, wenn du die Textstelle gefunden hast, die deine Antwort belegt.*
4. *Wenn die Arbeitsanweisung lautet „Kreuze **die** richtige Antwort an", kann es nur **eine** richtige Antwort geben. Bei Formulierungen wie „Welche der folgenden **Aussagen** sind richtig?" treffen **mehrere** Möglichkeiten zu.*
5. *Die Informationen aus dem Text werden in der Regel nacheinander abgefragt. Du kannst den Text also von oben nach unten „abarbeiten".*

1. Nicole Lenhardt hat ihren Job aufgegeben (Abschnitt 1), weil sie …
   a) ☐ nun für einen Discounter Hundefutter vertreibt.
   b) ☐ nur noch Zeit mit ihrem Hund Milo verbringen will.
   c) ☐ andere Hunde- und Tierbesitzer zum Thema Social Media berät.
   d) ☒ jetzt mit der Vermarktung ihres Hundes Geld verdienen kann.

   ✎ ***Hinweis:*** *vgl. Z. 15–22*

2. Durch die Aussage *„In eine warme Decke gehüllt hält Hundebesitzerin Nicole Lenhardt die warme Schüssel mit der Werbebotschaft in die Kamera […]"* (Z. 2–5) wird deutlich (Abschnitt 1), dass Nicole …
   a) ☐ meist sehr leicht friert.
   b) ☐ gerade ihren Hund füttert.
   c) ☒ ihre Werbeauftritte anschaulich gestaltet.
   d) ☐ in einem professionellen Fotostudio arbeitet.

   ✎ ***Hinweis:*** *Lies die Zeilen 2–6 genau und achte besonders auf den Gesamtzusammenhang in der Situation.*

3. Petfluencer*innen sollen ihre Follower*innen unterhalten, sagt Jonas Wolf von der Agentur „Pulse" aus Hamburg (vgl. Z. 23–27). Menschen suchten „Zerstreuung und […] Zeitvertreib" (Z. 32/33), glaubt der Werbe-Profi. Genau das finden sie bei den Petfluencer*innen.

Gleichzeitig seien die Petfluencer*innen Werbeträger, die den Verkauf bestimmter Produkte steigern sollen (vgl. Z. 36).

**Hinweis:** *vgl. Z. 23–36*

4. Tierschützer äußern die Ansicht (Abschnitt 3), dass …
   a) ☐ viele Tiere nicht artgerecht untergebracht sind.
   b) ☐ Tiere genauso wie Menschen behandelt werden sollten.
   c) ☐ Tiere mit vorstehenden Zähnen keinen Werbegewinn bringen.
   d) ☒ der Einsatz von Tieren zu Werbezwecken problematisch sein kann.

   **Hinweis:** *vgl. Z. 40–53*

5. Laut Auskunft des Textes ist ein eigener Berufszweig entstanden (Abschnitt 4), um …
   a) ☐ berechtigte Forderungen von Tierschützern umzusetzen.
   b) ☒ von der großen Nachfrage nach Tieren als Werbeträgern zu profitieren.
   c) ☐ Tiere aus Deutschland gezielt in weit entfernten Ländern bekannt zu machen.
   d) ☐ über Instagram eigene Kleidungsartikel für Tiere zu verkaufen.

   **Hinweis:** *vgl. Z. 54–57*

6.

| Überschrift | Textabschnitt (2–5) |
|---|---|
| a) Wachsender Markt in Deutschland | **5** |
| b) Weltweiter Vermarktungserfolg | **4** |
| c) Allgemeine Funktion von Petfluencern | **2** |
| d) Das Leiden von Tieren als Werbeträger | **3** |

**Hinweis:** *Bei dieser Aufgabe musst du alle Überschriften den richtigen Textabschnitten zuordnen, damit du einen Punkt erhältst.*

7. Tierschützer*innen sehen den Einsatz von Tieren als Werbeträger kritisch (vgl. Z. 40–53). Die Abbildung zeigt, dass ihre Kritik berechtigt ist. Der Hund trägt eine Krone und einen offenbar seidenen Umhang, der am Hals eng zusammengeschnürt ist. Mit einer artgerechten Haltung hat das nichts zu tun (vgl. Z. 44–47). Das Tier wird zum einen vermenschlicht und zum

anderen lächerlich gemacht. Das Bild entwürdigt und lässt ein Lebewesen wie ein Spielzeug erscheinen.

**Hinweis:** *vgl. Z. 40–53*

8. Im Zusammenhang mit verschiedenen Auskünften über den Igel Herbee wird auch ausgesagt (Abschnitt 6), dass …

   a) ☒ dessen Besitzerin online auch Kalender verkauft.
   b) ☐ er später unter dem Namen Mr. Pokee bekannt wurde.
   c) ☐ dessen Besitzerin ein erfolgreiches Unternehmen gekauft hat.
   d) ☐ er bis zu seinem Tod ein deutscher Topstar war.

   **Hinweis:** *vgl. Z. 95–98*

9. Die Aussage zeigt, dass Nicole Lenhardt auf Qualität achtet und wählerisch ist. Sie wirbt nicht für alle Produkte, die ihr angeboten werden, sondern nur für diejenigen, von denen sie überzeugt ist (vgl. Z. 109/110). Dazu testet sie die Produkte vorher wochenlang (vgl. Z. 108/109). Daraus lässt sich schließen, dass ihr gute Produkte wichtiger sind als ein größtmöglicher Gewinn.

   **Hinweis:** *vgl. Z. 108–111*

10. Laut Lenhardt kann eine Vermarktung z. B. von Büchern oder T-Shirts mit dem Abbild eines bestimmten Tieres dann erfolgreich sein (Abschnitt 7), wenn …

    a) ☐ von diesem schon professionelle Fotos bestellbar sind.
    b) ☐ ein dazu gebildeter Freundeskreis sich dafür einsetzt.
    c) ☒ dieses bereits die nötige Bekanntheit erlangt hat.
    d) ☐ das Tier noch möglichst unbekannt ist.

    **Hinweis:** *vgl. Z. 122–125*

11. Zur Aussage der Schülerin Stellung nehmen, die eigene Meinung begründen und mit Textstellen belegen

    **Hinweis:** *Du kannst die Meinung der Schülerin ablehnen oder ihr zustimmen. Wichtig ist, dass du deine Ansicht sicher begründest. Dazu musst du dich auf mehrere Textstellen beziehen. Du solltest aber auch eigene Gedanken einfließen lassen. Ein Tipp, bevor du schreibst: Suche im Text zunächst Argumente für deine Position. Unterstreiche sie mit einer bestimmten Farbe. Die Textstellen kannst du innerhalb deiner Stellungnahme kommentieren.*

*Lösungsvorschlag für Zustimmung:*

Ich stimme der Meinung der Schülerin zu. Der Text beschreibt, dass die Tiere lediglich benutzt werden, um die Follower*innen zu unterhalten (vgl. Z. 30–33) und Werbeprodukte zu verkaufen. Tiere werden in Szene gesetzt, um beispielsweise getreidefreies Hundefutter zu vermarkten (vgl. Z. 8–12). Tierbesitzer*innen wie Nicole Lenhardt (vgl. Z. 1–22) oder Talitha Girnus (vgl. Z. 89–98) sind mit der Vermarktung ihrer Haustiere so erfolgreich, dass sie ihren ursprünglichen Beruf aufgeben. Dank der Tiere können sie sich selbstständig machen (vgl. Z. 21–22) oder gar ein eigenes Merchandising-Unternehmen gründen (vgl. Z. 94–98). Das Tierwohl scheint bei vielen Tierbesitzer*innen kaum eine Rolle zu spielen (vgl. Z. 40–43). Es geht offenbar einzig und allein darum, das jeweilige Tier so bekannt wie möglich zu machen. Damit wird das Ziel verfolgt, möglichst viele Produkte bewerben und vermarkten zu können (vgl. Z. 119–125). Für die Aufmerksamkeit auf Instagram oder in anderen sozialen Medien nehmen die Tierhalter*innen auch Tierquälerei in Kauf. Ihnen scheint es gleichgültig zu sein, dass ihre Tiere entwürdigt werden (vgl. Z. 40–53). Entscheidend ist nur, dass die Besitzer*innen einen Vorteil von der Vermarktung ihrer Tiere haben.

*Lösungsvorschlag für Ablehnung:*

Ich bin nicht der Meinung der Schülerin. Tiere könnten durch die gemeinsamen Auftritte vor der Kamera ein noch engeres Verhältnis zu ihrem Frauchen oder Herrchen entwickeln. Abschnitt 1 zeigt, dass dem Hund Milo offenbar gefällt, was seine Besitzerin mit ihm macht. Er sitzt jedenfalls „brav zum Kuscheln bereit“ (Z. 7/8). Der Hund profitiert in diesem Fall von dem Werbefilm. Er bekommt ein besonders gutes Futter (vgl. Z. 8–10) und kann darauf vertrauen, dass sein Frauchen auf gute Qualität achtet (vgl. Z. 108–111).

Ein weiterer Aspekt ist, dass Petfluencer*innen das Wirtschaftsleben stärken. Ihre Besitzer*innen finden Alternativen zu ihrer bisherigen Berufstätigkeit (vgl. Z. 20–22 und Z. 94–98) und werden möglicherweise sehr erfolgreich (vgl. Z. 66–70). Gleichzeitig entsteht „ein eigener Berufszweig aus Agenturen und Beratern“ (Z. 56–57). Zudem machen Unternehmen wie Tierfutterketten durch die erfolgreiche Werbung größere Gewinne. Mehr Einnahmen helfen der Wirtschaft und den einzelnen Arbeitnehmer*innen.

Darüber hinaus sorgen die Petfluencer*innen mit ihren Fotos und Filmen für Abwechslung und Freude im Alltag ihrer Follower*innen. Die User*innen finden so positive Momente in ihrem Alltag (vgl. Z. 30–33). Wie beliebt Bilder und Filmaufnahmen von Haustieren sind, zeigen „Superstars der Szene“ wie der Zwergspitz Jiffpom (vgl. Z. 62–65).
Petfluencer*innen dienen also bei Weitem nicht nur den Interessen ihrer Besitzer*innen. Ihr Einsatz in den sozialen Medien ist für die Wirtschaft, die User*innen und im besten Fall auch für sie selbst eine Bereicherung.

## Zweiter Prüfungsteil: Wahlthema 1

***Hinweis:*** *Bei der Analyse (Untersuchung) eines literarischen Textes empfiehlt sich grundsätzlich folgende Vorgehensweise:*

1. *Lies den Text vollständig und gründlich durch.*
2. *Überlege, wovon der Text handelt. Wie lautet das zentrale Thema? Markiere auffällige Textstellen.*
3. *Lies dir dann die Aufgabenstellungen gründlich durch. Am besten nummerierst du die* ***einzelnen Teilaufgaben*** *auf dem Aufgabenblatt, damit du beim Schreiben später nichts vergisst.*
4. *Der Schreibplan für deine Textanalyse ist dir schon* ***Schritt für Schritt*** *vorgegeben. Bearbeite deshalb die Teilaufgaben unbedingt* ***der Reihe nach****.*
5. *Beginne mit der ersten Teilaufgabe.* ***Unterstreiche*** *die Textstellen, die für die Antwort wichtig sind, und mache dir am Rand* ***Notizen****.*
6. *Notiere auf einem gesonderten Blatt* ***Stichworte*** *oder kurze Sätze zu den wichtigsten Informationen. So hast du ein grobes Konzept für die Lösung der jeweiligen Aufgabe. Gleichzeitig trainierst du mit dieser ständigen Übung zwei Fähigkeiten:*
   - *den Blick für das Wesentliche zu entwickeln,*
   - *Textstellen in* ***eigenen Worten*** *wiederzugeben.*
7. *Formuliere aus deinen Stichworten einen* ***zusammenhängenden Lösungstext****. Achte dabei auf eine saubere äußere Form.*
8. *Wichtig ist, dass du den Text* ***nicht nacherzählst****, sondern die Informationen findest, die zur jeweiligen Antwort passen.*
9. *Beachte die Zeitform: Schreibe die Textanalyse im* ***Präsens****!*
10. *Lies deinen Text nochmals gründlich durch und verbessere Fehler und Formulierungsschwächen.*

*Im Folgenden findest du zunächst stichwortartige Antworten zu jeder einzelnen Teilaufgabe. Im Anschluss daran folgt das vollständige Lösungsbeispiel.*

### Teilaufgabe 1

Einleitung schreiben, darin Textsorte, Titel, Autor und Erscheinungsjahr benennen sowie Thema formulieren

| | |
|---|---|
| Titel: | Der Sommer meiner Mutter |
| Autor: | Ulrich Woelk |
| Textsorte: | Roman |
| Erscheinungsjahr: | 2019 |
| Thema: | Bei einem Jeans-Kauf kommt es zu Unstimmigkeiten im Mutter-Sohn-Verhältnis, da die Mutter aus ihrer gewohnten Rolle ausbrechen will, der Sohn das aber nicht gut findet. |

***Hinweis:*** *Als Gedächtnisstütze kannst du dir für die Einleitung die TATT-Formel (Titel, Autor*in, Textsorte, Thema nennen) merken.*

**Teilaufgabe 2**

Beachte die wichtigsten Regeln für eine Inhaltsangabe:

- im Präsens schreiben
- keine wörtliche Rede
- keine eigene Meinung
- auf das Wichtigste konzentrieren
- eigene Worte wählen, nichts abschreiben

Den Text mit eigenen Worten zusammenfassen

- Neueröffnung eines „Jeans Stores“ in der Kölner Innenstadt erweckt Aufsehen in Tobias' Klasse
- Überwältigender Eindruck des Geschäfts sowohl auf die Hauptfigur Tobias als auch auf seine Mutter
- Erklärung des Ladenkonzeptes durch die Verkäuferin
- Anprobe von Tobias' erster Jeans
- Verwirrung bei Tobias durch Wunsch der Mutter, ebenfalls eine Jeans anzuprobieren
- Bitte der Mutter um Tobias' Meinung zu ihrem Aussehen in der Jeans
- Irritierte Reaktion und Schweigen des Sohnes

**Teilaufgabe 3**

Darstellen, welchen Stellenwert eine Jeans für Tobias und andere Jugendliche seiner Generation hat

- Beliebtes Kleidungsstück, ein „Must-Have“ für jeden aus Tobias' Klasse
- Einkauf im neuen Fachgeschäft („Store“) für jeden erforderlich, der in der Klasse respektiert werden will
- Klare Vorstellungen von der Passform der Hose („so eng [...], als seien sie am Körper getrocknet“, Z. 51/52)
- Jeans unterschiedlicher Marken gelten unter Gleichaltrigen als Zeichen für die Zugehörigkeit zu bestimmten Gruppen
- Zusammenhänge zwischen Jeans und Musik bei älteren Jugendlichen

***Hinweis:** vgl. Z. 7–10 und Z. 52–58*

### Teilaufgabe 4

Untersuchen, wie durch sprachliche Mittel deutlich wird, wie beeindruckt Tobias von dem „Jeans Store“ und dem dortigen Angebot ist

- Verwendung kürzerer Satzgefüge aus Haupt- und Nebensätzen, in denen die Überraschung beim ersten Besuch des Ladens zum Ausdruck kommt (vgl. Z. 11–13)
- ausdrucksstarke Adjektive („überwältigt“, Z. 11/12, „aufgeregt[…]“, Z. 30), die den Eindruck des „Jeans Stores“ auf seine Besucher*innen und die Stimmung im Laden verdeutlichen
- Vergleiche (z. B. „… als öffnete sich … eine neue Welt“, Z. 12/13), die das Ausmaß der Begeisterung bei Tobias veranschaulichen
- unvollständiger Ausrufesatz („Wie anders hier!“, Z. 21), der zeigt, dass Tobias beim Anblick des „Stores“ die Worte fehlen, weil dieser sich in seiner Wahrnehmung offenbar deutlich von den üblichen Bekleidungsgeschäften abhebt
- Veranschaulichung dieses Unterschieds durch eine ausdrucksstarke, kontrastive Wortwahl (Adjektive, Nomen und Verben):
  - negative Schilderung der bisher bekannten Geschäfte als „sehr eng[e]“ Läden mit einer „strenge[n] Verkäuferin“, in denen Kleidungsstücke „lustlos“ präsentiert werden (Z. 13–22)
  - positive Beschreibung des „Jeans Stores“ als „große[r], helle[r] Verkaufsraum“, in dem man sich „frei bewegen“ und aus „meterlangen Regalen“ Jeans „in allen nur denkbaren Größen und Schnitten“ auswählen kann; Betonung des „riesigen Angebot[s]“, das von freundlichen Verkäufer*innen angepriesen wird (Z. 25–29, 34/35, 37/38)

**Hinweis:** *Denke daran, dass es nicht ausreicht, die sprachlichen Mittel in deinem Aufsatz nur aufzuzählen. Setze die sprachlichen Merkmale in Beziehung zu der Faszination, die der Store auf Tobias ausübt.*

### Teilaufgabe 5

Erläutern, wie Tobias seine Mutter und deren Kleidungsstil bisher wahrgenommen hat und wie er auf ihren Wunsch, eine Jeans zu kaufen, reagiert

Wahrnehmung des Kleidungsstils der Mutter:

- bislang kein Anlass für Tobias, über die Kleidung seiner Mutter nachzudenken (vgl. Z. 75–78)

- Der Sohn kannte seine Mutter bisher nur in Röcken und Blusen (vgl. Z. 87/88). Ihre Kleidung wirkte auf ihn offenbar muttertypisch und passte damit zum vertrauten Mutter-Sohn-Verhältnis
- Jeans gehörten bisher nicht zu den Kleidungsstücken, die von Erwachsenen wie Tobias' Mutter getragen wurden (vgl. Z. 88–92). Daher passen sie aus seiner Sicht auch nicht zu seiner Mutter

Reaktion auf den Wunsch der Mutter:

- Verwirrung von Tobias über die Absicht seiner Mutter, eine Jeans auszuprobieren (vgl. Z. 75)
- Tobias möchte keine Ratgeberrolle für seine Mutter in Kleidungsfragen übernehmen (vgl. Z. 82–84)
- Der Sohn hat nicht mit dieser veränderten Situation gerechnet (vgl. Z. 100/101)
- Befürchtung, dass Eltern dieselbe Kleidung tragen wie die Jugendlichen und ihnen so eine Möglichkeit der Abgrenzung genommen wird (vgl. Z. 93–99)
- Tobias war davon ausgegangen, dass der Jeanskauf nur für ihn geplant war, und ist über das Interesse der Mutter an einer Jeans für sich selbst offenbar verärgert (vgl. Z. 104–107)
- Er kann sich seine Mutter nicht als Jeansträgerin vorstellen (vgl. Z. 107–109)
- Verunsicherung und Ablehnung des neuen und ungewohnten Erscheinungsbildes seiner Mutter (vgl. Z. 111–117 und Z. 121–125)
- Eine eigenständige Rolle der Mutter als Frau wird nicht akzeptiert. Die Mutter soll im Rollenbild bleiben. Der Sohn fürchtet um die Abgrenzung zur Mutter und deren Funktion als „Versorgungsinstanz" (Z. 124–129)
- Sprachlosigkeit aufgrund des veränderten Aussehens, das für ihn im Gegensatz zu ihrer bisherigen mütterlichen Rolle steht (vgl. Z. 120–123 und Z. 134)

**Hinweis:** *In deiner Erläuterung solltest du Tobias' Probleme mit der für ihn ungewohnten Situation klar herausarbeiten. Dabei musst du besonders darauf eingehen, dass Tobias das Ausbrechen seiner Mutter aus ihrer vertrauten Rolle nicht hinnehmen will.*

**Teilaufgabe 6**

Kritisch mit der Aussage einer Schülerin auseinandersetzen

So gehst du vor:

- eine eigene Position benennen (Zustimmung, Ablehnung, Abwägung)
- Gründe für die eigene Position anführen
- die eigene Meinung am Text belegen

Die Zustimmung zur Aussage einer Schülerin begründen:

- Indem die Mutter auch ihren eigenen Interessen nachgeht, könnte sich die Beziehung zu ihrem Sohn positiv entwickeln.
- Die Bitte der Mutter um den Rat des Sohnes zeigt, dass sie ihn ernst nimmt. Wenn ihr der Sohn den gleichen Respekt entgegenbringen könnte, indem er sie als eigenständige Frau akzeptiert, würde er auch selbst Freiheit gewinnen. Seine Mutter wäre dann nicht mehr so stark auf ihn fixiert und beide könnten sich sogar über Mode austauschen.

Die Ablehnung zur Aussage einer Schülerin begründen:

- Die Mutter nimmt Tobias mit ihrem Interesse an einer Jeans die Möglichkeit, sich von ihr und anderen Erwachsenen abzugrenzen. Damit macht sie es für ihn schwerer, seine eigene Identität zu finden.
- Das Verhalten der Mutter ist unsensibel, weil sie offenbar nicht bemerkt, dass sie ihrem Sohn damit das Einkaufserlebnis verdirbt.
- Es wäre klüger gewesen, wenn die Mutter ihr Interesse an dem neuen Kleidungsstück nicht so offen gezeigt hätte. Stattdessen hätte sie den Jeansladen auch später noch einmal alleine besuchen können.

## Lösungsbeispiel

*Einleitung*
*Textsorte, Titel, Autor, Erscheinungsjahr, Thema*

In dem Auszug des Romans „Der Sommer meiner Mutter“ von Ulrich Woelk aus dem Jahre 2019 geht es um Unstimmigkeiten zwischen einem Sohn und seiner Mutter. Die Mutter will aus ihrer Rolle ausbrechen, der Sohn findet das aber nicht gut.

*Inhaltsangabe*
*Einkauf im neu eröffneten Jeansgeschäft und Tobias' Verwirrung über das Interesse der Mutter an einer Jeans*

Tobias geht mit seiner Mutter in einem neu eröffneten Jeans Store in Köln einkaufen. Der Laden beeindruckt ihn und unterscheidet sich deutlich von den Bekleidungsgeschäften, die er bislang kannte. Auch die Mutter ist offenbar überrascht. Nachdem eine Verkäuferin ihnen das Ladenkonzept erklärt hat, probiert Tobias verschiedene Hosen an. Dabei bemerkt er, dass sich seine Mutter auch für eine Jeans interessiert. Als sie eine Hose für sich ausgesucht hat und ihren Sohn um seine Meinung fragt, ändert sich die Situation. Tobias kann damit nicht umgehen. Die Vorstellung, seine Mutter in Jeans zu sehen, verunsichert ihn.

***Bedeutung einer Jeans für Tobias und andere Jugendliche seiner Generation***

Eine Markenjeans ist für Tobias und andere Gleichaltrige ein angesagtes „Must-Have“, das den Träger*innen Respekt in der Clique verschafft (vgl. Zeile 7–10). Sie ist also nicht einfach nur ein Kleidungsstück, sondern Ausdruck eines Lebensgefühls und ein Kultobjekt. Für die Jugendlichen ist die Jeans ein Symbol der Zugehörigkeit zu einer Gruppe. Damit sind klare Vorstellungen von der perfekten Passform der Hose verbunden, die sehr „eng sitzen“ (Z. 51) sollte. Ältere Jugendliche verbinden Jeans außerdem mit englischer Musik (vgl. Z. 56–58).

*Sprachliche Mittel*
*Satzgefüge, Vergleich, unvollständiger Satz, ausdrucksstarke und gegensätzliche Formulierungen*

Tobias' Überraschung von dem neuen Einkaufserlebnis im Store kommt zu Beginn des zweiten Absatzes durch kurze Satzgefüge zum Ausdruck, die jeweils aus einem Haupt- und einem Nebensatz bestehen (vgl. Z. 11–13). Seine Faszination zeigt sich zusätzlich durch ausdrucksstarke Adjektive wie „überwältigt“ (Z. 11/12) oder „aufgeregt“ (Z. 30). Auch mit einem Vergleich wird seine Begeisterung untermauert: „Es war, als öffnete sich vor mir eine neue Welt“ (Z. 12/13). In seinem Ausruf „Wie anders hier!“ (Z. 21) fehlt das Verb. Mit diesem unvollständigen Satz wird deutlich, dass Tobias beim Anblick des Stores die Worte fehlen. Der Unterschied zu herkömmlichen Bekleidungsgeschäften wird durch gegensätzliche Formulierungen hervorgehoben. So werden Erstere als „eng“ (Z. 16) und die Verkäuferinnen als „streng“ (Z. 21/22) und „lustlos“ (Z. 18) beschrieben. Während Tobias diese Geschäfte ausschließlich negativ sieht, schildert er den Jeans Store durchweg positiv: Erfreut stellt er fest, dass er sich „in dem großen, hellen Verkaufsraum frei bewegen“ (Z. 25/26) kann. Das Angebot „[i]n meterlangen Regalen“ (Z. 26/27) wirkt auf ihn „riesig“ (Z. 34/35). Auch die Verkäuferin ist freundlich (vgl. Z. 37/38). Aus diesem Gegensatz wird deutlich, dass der Einkauf sich für Tobias von einer Qual zu einem schönen Erlebnis gewandelt hat.

***Wahrnehmung des Kleidungsstils der Mutter***

Tobias hatte bislang keinen Anlass, über die Kleidung seiner Mutter nachzudenken (vgl. Z. 75–78). Er kannte sie nur in Röcken und Blusen und wünscht sich, dass das auch so bleibt (vgl. Z. 87/88, Z. 94/95). Diese Kleidung symbolisiert für ihn offenbar das Mutter-Sohn-Verhältnis, bei dem die Mutter die Rolle als „verlässliche Versorgungsinstanz“ (Z. 126/127) einnimmt. Dagegen hatte er bisher keine Erwachsenen wie seine Mutter gesehen, die eine Jeans trugen (vgl. Z. 88–92). Daher wirkt die Hose aus seiner Sicht für seine Mutter unpassend.

***Reaktion auf den Wunsch der Mutter nach einer Jeans***

Die Absicht seiner Mutter, eine Jeans auszuprobieren, stürzt Tobias in Verwirrung (vgl. Z. 75). Er fühlt sich verärgert und überrumpelt, weil ursprünglich nur für ihn eine Jeans gekauft werden sollte. Außerdem möchte er keine Ratgeberrolle für seine Mutter in Kleidungsfragen übernehmen (vgl. Z. 82–84). Offenbar hat er auch Angst, dass seine Eltern dieselbe Kleidung wie er tragen und sie ihm so eine Möglichkeit der Abgrenzung nehmen. In der Kleidung will er sich von seiner Mutter und der Erwachsenenwelt unterscheiden (vgl. Z. 93–99). Gleichzeitig empfindet er eine tiefe Verunsicherung in seinem Verhältnis zur Mutter: „Die Frau, die vor mir stand, war unzweifelhaft meine Mutter, doch irgendwie war sie es auch nicht“ (Z. 112–114). Hier wird deutlich, dass er das neue Erscheinungsbild seiner Mutter ablehnt: „Ich wollte, dass sie die war und blieb, die ich kannte“ (Z. 124/125). Die Eigenständigkeit der Mutter, die durch die neue Kleidung zum Ausdruck kommt, gefällt dem Sohn also nicht. Sie macht ihn vielmehr sprachlos (vgl. Z. 134). *(659 Wörter)*

*Lösungsvorschlag für Zustimmung:*

*Beispiel für Zustimmung zur Aussage „Tobias sollte sich über den Modegeschmack seiner Mutter freuen“*

Ich stimme der Meinung der Schülerin zu. Tobias’ Mutter hat sich als „verlässliche Versorgungsinstanz“ (Z. 126–127) bislang offenbar ausschließlich um ihn gekümmert und dabei ihre eigenen Interessen zurückgestellt. Inzwischen ist der Sohn aber schon älter. Es wäre also an der Zeit, dass die Mutter mehr Freiraum für ihre Interessen bekommt. Aus meiner Sicht könnte das sogar gut für ihre Beziehung sein.
Indem die Mutter ihren Sohn um Rat bei der Anprobe bittet (vgl. Z. 73/74, Z. 118/119), nimmt sie seine Meinung ernst. Gleichzeitig zeigt sie damit, dass sie ihr Verhältnis lockerer sieht und ihn nicht mehr wie ein Kind behandelt. Umgekehrt könnte der Sohn seine Mutter auch als eigenständige Frau wahrnehmen, die nicht ausschließlich für ihn zuständig ist. Der Sohn müsste sich mit der Vorstellung anfreunden, dass seine Mutter neue Wege geht. Das wird bei seiner Einstellung zwar zu Beginn schwierig, denn er will ja, dass alles so bleibt wie es ist (vgl. Z. 124/125). Doch er wird sich daran gewöhnen und sicher dankbar sein, eine so moderne Mutter zu haben. Sobald sie nicht mehr nur auf ihn fixiert ist, gewinnt nämlich auch der Sohn neue Freiheiten. So können sie sich später möglicherweise sogar über den Modestil austauschen. *(199 Wörter)*

*Lösungsvorschlag für Ablehnung:*

*Beispiel für Ablehnung der Aussage „Tobias sollte sich über den Modegeschmack seiner Mutter freuen"*

Ich stimme der Meinung der Schülerin nicht zu. Tobias will sich über die Kleidung von der Mutter und der gesamten Erwachsenenwelt abgrenzen (vgl. Z. 93–99). Für die Identitätsfindung von Jugendlichen ist das sehr wichtig. Die Mutter dringt mehr oder weniger in seinen Lebensbereich ein. Darüber hinaus macht sie ihm damit das schöne Einkaufserlebnis kaputt. Denn war Tobias zu Beginn noch begeistert von dem „großen, hellen Verkaufsraum" (Z. 25/26) und „dem riesigen Angebot" (Z. 34/35), verwirrt ihn das Interesse seiner Mutter an der Jeans zunehmend (vgl. Z. 75). Als sie die Jeans auch noch anprobiert und ihn um seinen Rat bittet (vgl. Z. 118/119), fühlt er sich um das Einkaufserlebnis betrogen. Schließlich ist er der Meinung, dass nur für ihn eine Jeans gekauft werden sollte (vgl. Z. 105–107). Seine Mutter zeigt hier überhaupt kein Einfühlungsvermögen. Sie hat weder für die Einkaufssituation Verständnis noch für den Wunsch ihres Sohnes, sich mit der Kleidung von ihr und anderen Erwachsenen abzugrenzen. Zwar ist es nachvollziehbar, dass sie sich auch für eine Jeans interessiert. Trotzdem wäre es möglicherweise klüger gewesen, zunächst auf ihren Sohn einzugehen. Später hätte sie den Laden auch noch einmal alleine aufsuchen können.

*(193 Wörter)*

## Zweiter Prüfungsteil: Wahlthema 2

**Hinweis:** *Für das Schreiben eines informierenden Textes empfiehlt sich grundsätzlich folgende Vorgehensweise:*

1. *Lies die Materialien M 1–M 5 vollständig und gründlich durch.*
2. *Zunächst sollst du eine Überschrift finden, die das Thema aller Materialien auf den Punkt bringt. Es ist zu empfehlen, dass du diese Aufgabe erst zum Schluss löst.*
3. *In der zweiten Aufgabe geht es darum, eine Einleitung zu schreiben. Darin sollst du erklären, warum Plastikmüll ein Problem für die Umwelt ist. Suche dazu in allen Materialien nach Anhaltspunkten.*
4. *Anschließend stellst du dar, wie man im Alltag Plastik vermeiden kann. Hinweise dafür findest du in den Materialien M 1, M 3, M 4a und M 4b.*
5. *Die vierte Frage zielt auf eine Erläuterung ab, warum es schwierig ist, Plastik im Alltag zu vermeiden. Nutze dazu die Materialien M 4a, M 4b und M 5.*
6. *In der letzten Teilaufgabe sollst du eine Beurteilung zu folgender Frage abgeben: Welche Vorteile hat es für die Menschen, Plastik zu vermeiden? Suche für deine Antwort Argumente aus allen Materialien, um die positiven Auswirkungen der Plastikvermeidung fundiert beurteilen zu können. Notiere sie übersichtlich auf einem gesonderten Blatt. Diese Vorbereitung empfiehlt sich bei allen Teilaufgaben.*

*Im Folgenden findest du zunächst stichwortartige Antworten zu jeder Teilaufgabe. Im Anschluss folgt dann das vollständige Lösungsbeispiel.*

### Teilaufgabe 1

Eine passende Überschrift formulieren

Weniger Plastik, mehr Lebensqualität

**Hinweis:** *Bearbeite diese Aufgabe zum Schluss. Mit einem guten Überblick über das Thema kannst du nämlich leichter eine aussagekräftige Überschrift finden.*

### Teilaufgabe 2

Erklären, warum Plastikmüll ein Problem für die Umwelt ist

- Klimaschädigende Verfahren bei der Herstellung von Plastik, Verwendung nicht nachhaltiger Ressourcen wie Erdöl (M 5)
- Verschwendung von Rohstoffen, Belastung von Klima und Umwelt (M 1)
- Kurze Nutzungszeit besonders von Einwegplastik (M 1)
- Probleme beim Recycling (M 5)
- Belastung der Umwelt durch Ausfuhr und Verbrennung von Plastik (M 5)
- Schlechter Einfluss auf den Klimawandel (M 1, M 4b)
- Ausdehnung der Müllberge auf dem Land und in den Weltmeeren (M 5)
- Sehr langsame Zersetzung von Plastik in der Natur (M 5)

- Gefahren für Pflanzen- und Tierwelt im Lebensraum Meer sowie für die menschliche Gesundheit (M 2)
- Gefährdung der menschlichen Gesundheit durch Mikroplastik (M 5)

***Hinweis:*** *Wichtig ist eine schlüssige, zusammenhängende Darstellung in **eigenen** Worten.*

**Teilaufgabe 3**

Darstellen, wie Plastik im Alltag vermieden werden kann

- Stärkung des nachhaltigen Verbrauchs (M 1)
- Verwendung von Mehrweg-Verpackungen, Vermeidung von Einwegplastik (M 1, M 4a)
- Verzicht auf unnötige Verpackungen und Plastiktüten (M 1, M 3)
- Gebrauch wiederverwendbarer Beutel, Taschen, Netze (M 1, M 3, M 4a) und eigener Behälter zum Transport (M 3)
- Kauf von Mehrwegflaschen, Nutzung von Mehrweg-to-go-Angeboten, z. B. Mehrweg-Pfandsystem (M 1)
- Wechsel zu Ersatzprodukten, z. B. Seife statt Duschgel, Nutzung von verpackungsfreien Alternativen (M 3, M 4a)
- Einkauf von verpackungsfreiem Obst und Gemüse auf dem Bauernhof (M 4a)
- Häufigerer Besuch von Unverpackt-Läden (M 4a, M 5)
- Nutzung von Behältnissen aus alternativen Materialien (M 3)

***Hinweis:*** *Die vielfältigen Möglichkeiten, Plastik zu vermeiden, sollen herausgearbeitet werden. Auch hier ist eine schlüssige, zusammenhängende Darstellung in **eigenen** Worten wichtig.*

**Teilaufgabe 4**

Erläutern, welche Schwierigkeiten bei der Vermeidung von Plastik auftreten

- Verzicht auf Plastik in bestimmten Bereichen unmöglich, z. B. bei Hygieneartikeln oder elektronischen Geräten (M 1, M 4b, M 5)
- Größerer Zeitbedarf und erhöhter $CO_2$-Ausstoß beim nachhaltigen Einkaufen durch längere Einkaufsfahrten (M 4b)
- Höhere Haushaltskosten durch den Einkauf z. B. in Bio-Läden (M 4b)
- Plastikverzicht führt zu anderen Problemen für die Umwelt und das Sozialleben (M 5), z. B. bei der Herstellung von Baumwolltaschen
- Verschlechterung der gesamten ökologischen Lage durch Ersatzprodukte, deren Herstellung einen noch größeren CO2-Fußabdruck aufweist (M 5)

**Hinweis:** *Es soll deutlich werden, warum es im Alltag schwierig sein kann, auf Plastik zu verzichten. Wichtig ist eine schlüssige, zusammenhängende Darstellung in* ***eigenen*** *Worten.*

### Teilaufgabe 5

Anhand der Materialien und eigener Überlegungen beurteilen, welche Vorteile die Menschen haben, wenn sie Plastikmüll vermeiden

- Mitwirkung am Umwelt- und Tierschutz durch weniger Plastikmüll, der die Meere verschmutzen könnte
- Senkung der Gesundheitsrisiken durch Mikroplastik, das über die Nahrungskette zum Menschen gelangen kann
- Steigerung der Luftqualität durch weniger Freisetzung von Giftgasen bei der Müllverbrennung
- eine lebenswerte Umgebung, z. B. ein schöner Schulhof ohne Plastikmüll
- Stärkung des Umweltbewusstseins
- Einsparung von Energieträgern wie Erdöl für zukünftige Generationen
- niedrigere Kosten und Gebühren für die Entsorgung von Müll
- aktiver Beitrag zu einer besseren Umwelt und Kampf gegen den Klimawandel durch Verzicht auf Plastikverpackungen
- gutes Gefühl, den Zustand der Umwelt mit beeinflussen zu können
- Unterstützung von ortsansässigen Geschäften und Bauernhöfen, Verbesserung des sozialen Umfelds, Vermeidung weiter Wege, Reduzierung von Benzin- und $CO_2$-Verbrauch
- bessere Lebensqualität durch Gebrauch nachhaltiger plastikfreier Produkte

**Hinweis:** *Die Beurteilung soll sich auf Informationen aus den Materialien sowie auf eigene Überlegungen stützen. Die Einschätzung soll nachvollziehbar und schlüssig sein. Gehe folgendermaßen vor:*

1. *Mach dir vor der Beurteilung unbedingt Notizen. Auch ein Ideenstern eignet sich, um die Überlegungen zu strukturieren.*
2. *Versuche, dich in das Thema Plastik hineinzudenken. Frage dich selbst, welchen Nutzen es haben könnte, Plastik soweit wie möglich zu vermeiden.*
3. *Nutze die Materialien, um deine Antworten zu untermauern. Lasse Hinweise aus den Materialien in deinen Text einfließen.*

### Lösungsbeispiel

**Weniger Plastik, mehr Lebensqualität** — ***Überschrift***

Plastikmüll ist ein großes Problem für die Umwelt. Schon bei der Plastikproduktion wird Erdöl eingesetzt (vgl. M 5, Z. 4). Doch dieser Rohstoff ist nicht unbegrenzt vorhanden.

***Einleitung***
*Plastikmüll als Gefahr für die Umwelt*

Der Verfasser oder die Verfasserin von M 1 sieht besonders das Einwegplastik kritisch. Dieses werde nur „kurze Zeit genutzt und dann achtlos weggeworfen“ (M 1, Z. 2). Darin bestehe eine Verschwendung von Rohstoffen und eine große Belastung für die Umwelt und das Klima (vgl. M 1, Z. 2/3). Wenn das Plastik weggeworfen wird, gibt es Probleme beim Recycling, da sich Plastik nicht auflöst (vgl. M 5, Z. 5/6). Manche Länder bringen ihren Plastikmüll ins Ausland, wo er dann auf Müllbergen unkontrolliert verbrannt wird. So entstehen giftige Gase (vgl. M 5, Z. 6–9). Wie M 2 zeigt, kippen die Menschen den Plastikmüll auch einfach ins Meer (vgl. M 2 und M 5, Z. 9). Dadurch werden die Umwelt, die Tier- und Pflanzenwelt und letztendlich auch der Mensch stark belastet. Über die Nahrungskette nehmen Menschen Chemikalien aus den Kunststoffen, die die Fische verzehren, in ihren Körper auf (vgl. M 2).

***Hauptteil***

*Möglichkeiten zur Vermeidung von Plastik im Alltag*

Die Möglichkeiten, weniger Plastik zu verwenden, sind vielfältig. Einwegplastik lässt sich vermeiden, indem die Verbraucher*innen ihre Behälter mehrfach benutzen (vgl. M 1, Z. 8–10). Beispielsweise werden in vielen Geschäften Kaffeebecher gegen Pfand angeboten, die jederzeit wieder zurückgegeben werden können. In M 1 wird dazu geraten, beim Einkauf auf Plastiktüten und unnötige Verpackungen zu verzichten (vgl. M 1, Z. 12/13). Stattdessen können „wiederverwendbare Beutel, Taschen und Rucksäcke sowie Obst- und Gemüsenetze als Ersatz für dünne Plastikbeutel“ (M 1, Z. 13/14) genutzt werden. Die Autorin Nadine Schubert schlägt vor, Kindern für die Schule eine „Brotzeitdose aus Edelstahl“ (M 3, Z. 19) statt aus Plastik mitzugeben. Auf diese Weise kann man alternative Materialien zur Vermeidung von Plastik nutzen und einen nachhaltigen Verbrauch stärken.

In M 4 a erklärt Claudia Braun, wie man sogar bei Duschgel, Körpercreme, Shampoo und Zahnpasta auf Plastik verzichten kann (vgl. M 4 a, Z. 2–7). Ein Stück Seife sei „genauso gut oder gar besser als die flüssigen Produkte“ (M 4 a, Z. 9). Naturschutzexpertin Anne Kienappel empfiehlt außerdem, beim örtlichen Bauernhof einzukaufen, der seine Produkte ohne Verpackung anbietet (vgl. M 4 a, Z. 23–25). Eine weitere Alternative sind Unverpackt-Läden, in die man seine Behältnisse selbst mitbringt (vgl. M 4 a, Z. 19/20).

*Schwierigkeiten bei der Vermeidung von Plastik*

Der Verzicht auf Plastik kann allerdings schwierig und in bestimmten Bereichen fast unmöglich sein, wie M 4 b und M 5 zeigen. Hygieneartikel oder elektronische Geräte kommen kaum ohne Plastik aus. Auch plastikfreie Lebensmittel bieten nicht viele Geschäfte an (vgl. M 4 b, Z. 5/6). Wer dennoch nur in solchen Geschäften einkaufen möchte, muss viel Zeit und Geld aufbringen. Durch längere Autofahrten belastet man so die Umwelt sogar zusätzlich, schreibt die Autorin Kristina Orasche (vgl. M 4 b, Z. 11–13). Besonders kostspielig sind dabei die Bio-Supermärkte (vgl. M 4 b, Z. 14/15).

Aber auch, wer in guter Absicht mit einer eigenen Baumwolltasche ins Geschäft kommt, tut nicht unbedingt nur Gutes für die Umwelt. Da beim Anbau von Baumwolle sehr viel Wasser, Dünger und Mittel zur Schädlingsbekämpfung verbraucht werden, hat der Plastikbeutel insgesamt sogar eine bessere $CO_2$-Bilanz als die Baumwolltasche (vgl. M 5, Z. 15–18). Die Verwendung von Ersatzprodukten kann so die allgemeine ökologische Lage sogar verschlechtern.

*Beurteilung, welche Vorteile Menschen durch die Vermeidung von Plastik haben*

Der Verzicht auf Plastik ist dennoch unbedingt notwendig. Wenn die Menschen es schaffen, weniger Plastik zu verwenden, bringt das nämlich auch viele Vorteile mit sich. Durch weniger Plastikmüll kann man sich aktiv für den Umwelt- und Tierschutz einsetzen und die Verschmutzung der Meere verringern. Das kommt allen Menschen zugute, weil nicht mehr so viel gesundheitsschädliches Mikroplastik auf dem eigenen Teller landet, wie es jetzt noch der Fall ist (vgl. M 2).

Neben gesünderen Lebensmitteln kann die Vermeidung von Plastik auch zu einer besseren Luftqualität beitragen. Bisher wird ein großer Anteil des Plastikmülls verbrannt (vgl. M 5, Z. 8/9). Sobald das seltener wird, gelangen auch weniger Giftgase in die Luft. Allgemein führt das zu einer

lebenswerteren Umgebung. Auch ein Schulhof ohne Plastikmüll kann schon ein Anfang sein. Schülerinnen und Schüler können durch die Erfahrung, selbst an Plastik zu sparen, ihr Umweltbewusstsein stärken.
Außerdem kann Erdöl als Energiequelle für zukünftige Generationen eingespart werden, wenn erst gar nicht so viel Plastik hergestellt wird. Schließlich ist das der Rohstoff, aus dem Kunststoffe gemacht sind (vgl. M 5, Z. 4). Hinzu kommt, dass man so auch weniger Gebühren für die Entsorgung von Müll bezahlen muss.
Gratis gibt es noch das gute Gefühl dazu, etwas für die Umwelt und gegen den Klimawandel zu tun, indem man so oft wie möglich auf Plastikverpackungen verzichtet. Und wenn man beim örtlichen Bauernhof einkauft, vermeidet man nicht nur Plastikverpackungen, sondern eventuell auch weite Wege. Dadurch spart man Benzin und reduziert den $CO_2$-Ausstoß. Zudem stärkt man die örtliche Wirtschaft und hat sogar ein schöneres Einkaufserlebnis.

***Schluss***

Insgesamt betrachtet führen der Verzicht auf Kunststoffe und der Gebrauch nachhaltiger plastikfreier Produkte also für alle zu einer besseren Lebensqualität. Auch wenn ich nicht komplett auf Plastik verzichten kann, trage ich dazu gerne bei. *(828 Wörter)*

## Punkteverteilung

| Zentrale Prüfung 2022 | | | | | | | | |
|---|---|---|---|---|---|---|---|---|
| 1. Prüfungsteil | | | | 2. Prüfungsteil | | | | |
| Aufgabe 1 | 1 | Aufgabe 7 | 2 | Inhaltliche Leistung | | | | Darstellungsleistung |
| Aufgabe 2 | 1 | Aufgabe 8 | 1 | Wahlthema 1 | | Wahlthema 2 | | Wahlthema 1 und 2 |
| Aufgabe 3 | 1 | Aufgabe 9 | 1 | Aufgabe 1 | 4 | Aufgabe 1 | 1 | |
| Aufgabe 4 | 1 | Aufgabe 10 | 1 | Aufgabe 2 | 4 | Aufgabe 2 | 6 | |
| Aufgabe 5 | 1 | Aufgabe 11 | 2 | Aufgabe 3 | 4 | Aufgabe 3 | 7 | |
| Aufgabe 6 | 1 | | | Aufgabe 4 | 5 | Aufgabe 4 | 9 | |
| | | | | Aufgabe 5 | 6 | Aufgabe 5 | 9 | |
| | | | | Aufgabe 6 | 9 | | | |
| | | | | 32 Punkte | | | | 8 Punkte |
| 13 Punkte | | | | 40 Punkte | | | | |
| 53 Punkte | | | | | | | | |

## Notenverteilung

| Note | Punkte |
|---|---|
| sehr gut | 53–46 |
| gut | 45–39 |
| befriedigend | 38–31 |
| ausreichend | 30–24 |
| mangelhaft | 23–10 |
| ungenügend | 9–0 |

## Abschlussprüfung 2023 – EESA

Um dir die Lösungen zur Prüfung 2023 schnellstmöglich zur Verfügung stellen zu können, bringen wir sie in digitaler Form heraus.

Sobald die Original-Prüfungsaufgaben 2023 zur Veröffentlichung freigegeben sind, können die dazugehörigen Lösungen als PDF auf der Plattform MyStark heruntergeladen werden (Zugangscode vgl. Umschlaginnenseite).

**Aktuelle Prüfung**

**www.stark-verlag.de/mystark**

PRÜFUNGS-
ANGST

# STOPP DIE PANIK

*Mit der Fußsohlen-Methode*

Prüfungen können Angst- und Fluchtsituationen sein. Dein Körper schüttet Adrenalin aus und dämpft das Gefühl in den Füßen. Z. B. beim Weglaufen ist es gut, wenn man die Füße nicht spürt. Eine Prüfung ist aber **keine Gefahrensituation**. Signalisiere deinem Körper, dass du nicht weglaufen musst, und bring das Gefühl in deine Füße zurück:

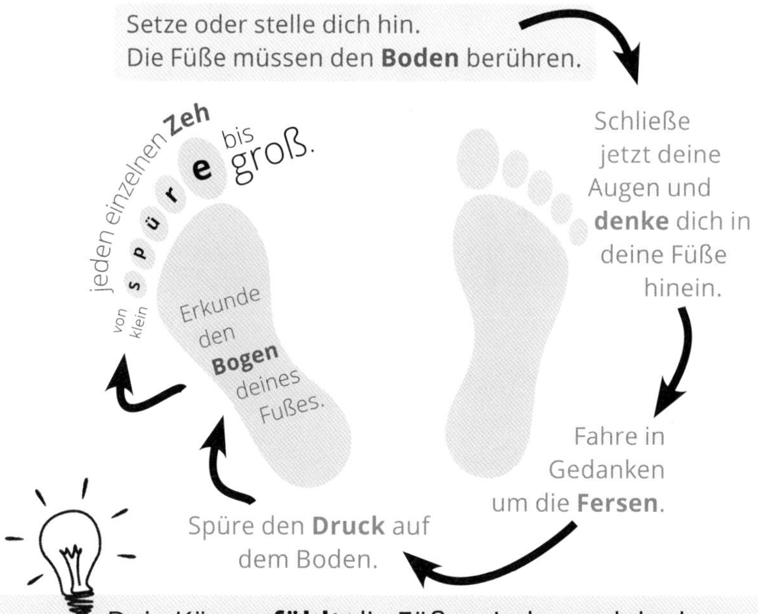
Setze oder stelle dich hin.
Die Füße müssen den **Boden** berühren.
Schließe jetzt deine Augen und **denke** dich in deine Füße hinein.
Fahre in Gedanken um die **Fersen**.
Spüre den **Druck** auf dem Boden.
Erkunde den **Bogen** deines Fußes.
**Spüre** jeden einzelnen **Zeh** von klein bis groß.

Dein Körper **fühlt** die Füße wieder und denkt, er sei in keiner Panik-Situation, sondern in **Sicherheit**.

# **Eure** Lern**tipps**

## aus der Insta-Community

***Chiara, 16***

Verwendet Farben zum Lernen! Es wird viel übersichtlicher. Und wenn man den Lernzettel anschaut, ist man viel motivierter beim Lernen, weil er schön bunt ist.

***Özgür, 20***

Vergiss nicht, wie weit du bisher gekommen bist, und wie viel Potenzial in dir steckt.

***Miriam, 18***

Bewusst eine Auszeit zu nehmen ist effektiver, als alles nur aufzuschieben.